감사합니다

감사합니다

발행일   2022년 08월 31일

지은이   이옥숙
펴낸이   손형국
펴낸곳   (주)북랩
편집인   선일영   편집   정두철, 배진용, 김현아, 박준, 장하영
디자인   이현수, 김민하, 김영주, 안유경   제작   박기성, 황동현, 구성우, 권태련
마케팅   김회란, 박진관
출판등록 2004. 12. 1(제2012-000051호)
주소   서울특별시 금천구 가산디지털 1로 168, 우림라이온스밸리 B동 B113~114호, C동 B101호
홈페이지 www.book.co.kr
전화번호 (02)2026-5777   팩스   (02)2026-5747

ISBN   979-11-6836-481-3 03370 (종이책)   979-11-6836-482-0 05370 (전자책)

감사합니다

이옥숙 지음

하마터면 놓칠 뻔한 소소한 일들,
NVC로 감사하기

북랩

차
례
. . . . .

감사하기로 하루의 온도를 밝게 하다

삶의 다양한 상황에서 말 때문에 상처받기도 하고, 해야 할 말을 머뭇거리다가 끝내는 하지 못해 속앓이를 한 적이 한두 번이 아니다. 밤새 끙끙 앓은 적도 있다. 용기를 내서 상대에게 말을 할 때도 정리가 되지 않아 결국은 진짜로 해야 할 말을 놓치기도 한다. 관계를 개선하려고 대화를 시도했다가 더 나빠지기도 한다.

상담 교육을 받으면 상처받는 대화에서 빠져나올 수 있을 거라는 기대감에 관련 공부를 시작한다. 대학원에서 상담 교육을 받지만 학교 현장과 일상적인 나의 생활 상황에서 갈등 상황 대화를 하는 데는 여전히 적용하기가 어렵다. 내가 표현하고자 하는 의도를 먼저 알고 상대에게 전하는 대화, 평화로운 대화를 간절하게 원할 때 NVC 내화를 만난다.

NVC 대화에 관심을 갖는 선생님들과 교육에 참여하고, 함께 연습하고 연습하면서 마음 깊은 곳에 숨겨져 있었던 많은 삶의 갈등 상황을 만나 치유하고 회복하는 과정을 가진다.

연습 결과 데이터를 가지고 나의 삶의 하루 온도 차이를 주는 학생들에게 먼저 끊임없이 적용하고, 기록해 세세한 부분까지 느낌과 욕구를 알아 가는 과정을 가진다. 이 활동은 학급, 학교에서 학교 폭력 신고가 있을 때 학생들의 마음을 알아 가는 과정을 밟고, 관련 학생들의 마음을 찾아 주어, 교사와 학생들에게 기여하고 나눔 하는 기회를 갖는다.

학생들과의 NVC 대화를 매일 기록하다 보니 하루 일과를 생각하는 시간을 갖고 반성하는 자기 통찰의 시간을 갖는 것이 습관이 된 듯하다. 어색한 느낌이 계속 올라올 때는 길을 걷다가도, 문득 문득 머릿속으로 또는 가슴으로 그 어색한 상황이 계속 올라올 때가 있다. '그 순간 왜 그런 말을 했지!' 후회가 되는 그 순간이 오면 간단하게 관찰, 느낌, 욕구를 찾고 나 자신에게 부탁, 감사하기, 자기 감사 하기, 듣고 싶은 감사를 해 보고 기록한다. NVC로 공감하는 활동은 자연스런 마음으로 되돌리는 데 도움이 된다.

관찰	"왜 배식판 위에 급식판을 넣어요? 1~2시간 뒤에 배식판을 치워 보기에도 안 좋고, 그 부분이 너무 지저분한데 아이들이 다 보고 다녀요. 그리고 선생님들의 허리도 아프고요."
상대 느낌	짜증이 나는, 힘들 것을 생각하니 화가 나는, 자신의 힘듦을 배려하지 않아 불편한
상대 욕구	다른 부서만 배려하는 것 같아 자신의 힘듦을 알리고 싶은 마음, 배식판 정리가 어렵다는 것을 알아달라는 마음, 일관성, 예측 가능성, 자유로운 자기 표현
나의 느낌	상대의 글 속에 짜증이 묻어 있어 놀란, 당연히 협조할 수 있는 일이라고 생각하고 있다가 당황하는, 어색한, 자기의 의견을 다듬어서 보내지 않고 감정을 있는 그대로 드러내는 태도에 회의적인, 실망한
나의 욕구	조화, 균형, 상호 협조, 상호 수용, 상호 연결, 예측 가능
나에게 부탁	두 팀의 욕구를 모두 충족하기 위해 서로의 힘듦을 이해한 뒤 방법을 찾아보는 것이 좋을 것이다. 한 사람의 의견도 '그럴 수 있다'로 이해는 하나 학급 배식으로 서로 도울 수 있는 방법을 찾아보자.
감사 하기	공동체 구성원 대부분은 이 상황을 이해하고, 다른 부서의 부탁을 수용해 주신 공동체 구성원 모두에게 감사하다.

※ 당신은 (   )가 중요하고, 나는 (   )가 중요한데 당신과

나의 욕구를 모두 충족하기 위해 (   )를 하는 것은 어떤가요?

관찰 A	메신저로 "지원자가 없으면 제가 공적 조서를 써 보겠습니다."
나의 생각과 느낌	본인이 어떤 의도로 보냈는지 궁금한, 본인이 쓰고 싶다고 쓰는 것이 아니라 구성원들의 추천이 있어야 하는데 당당한 자기주장이 몹시 어색하다. 평소의 행동으로 추측되는 생각들로 웃음이 나거나 당황스럽다. 침묵하고 호흡한다. 잠시 의자를 뒤로 빼고 상대의 느낌과 욕구를 알아차려 보려고 한다.
상대 느낌	올해 나는 일을 많이 했으니 받아야만 한다는 생각에 조급한, 간절한, 의기양양한, 서운한, 화가 나는, 마음이 쓰이는
상대 욕구	존재감, 업무 양에 대한 보상, 인정
나의 욕구	업무자 배려, 공동체 질서, 공동체 구성원의 업무에 대한 이해, 공동체 구성원 공감
자기 감사	순간 올라오는 자연스럽지 못한 느낌 온도를 알아차리고 걸상을 뒤로 빼고 호흡을 한다. 나의 느낌과 욕구, 상대의 느낌과 욕구를 떠올리고 충족되었을 때의 느낌으로 전환한다. 몸의 느낌을 먼저 알아차리고 평화스러운 마음을 유지하는 나에게 감사하다.

관찰 B	직접 와서 "부서의 팀장께 물어보니 ○○ 영역으로 표창을 받았다고 해요. 이번에는 저보고 받으라고 하는데, ○○ 영역으로 표창 추천을 받아도 될까요?"
나의 생각과 느낌	약간 상기된 모습으로 말하는 ○○○ 선생님을 볼 때 '아차' 하는 생각이 든다. ○○○ 선생님은 자기 업무로 충분히 표창 추천을 받을 수 있는 요건이 된다는 생각에 흔쾌히 받아들인다.
나의 욕구	타당성, 합리성, 질서, 예절, 경청, 수용, 인정, 상호성
감사하기	○○○ 선생님의 마음을 알아차리고 ○○○ 선생님의 타당성이 있는 제안이 만족스럽고 감사하다. 나는 타당성, 합리성의 욕구가 충족되어 만족스럽고 감사하다.

관찰 A, 관찰 B 선생님의 대화 시작은 공동체 구성원에 대한 배려, 상내 배려 대화인지 아닌지가 분명히 느껴진다.

NVC 공감 대화의 4단계 중 나의 중족되지 않은 욕구와 연결하고 충족된 욕구 경험으로 전환한 후 '감사하기'로 마무리한다. 이 공간의 안전을 위해 도움, 지원, 협력해 주시는 공동체 구성원 모든 분들께 진심으로 감사하다는 생각이 매일 올라온다. 매일 올라올 그 순간에 감사하기 활동을 하기란 쉽지 않다. 진심 어린 감사가 올라올 때 놓친 감사도 많다. 기록하지 않아 소중하고 귀한 마음을 놓친 감사도 많다. 감사하기 의식을 가지고 기록한 간단한 메모를 정리해 한 권의 책으로 내는 과정은 감사할 많은 일들을 다시 되돌아보는 선물 같은 시간이다.

"나는 당신이 공동체 구성원을 배려할 때, 당신의 미덕(아름다움)을 봅니다."

"나는 (공동체의 질서, 예절, 배려) 욕구가 충족되어, 선생님의 의견이 수용이 되고 편안합니다. 감사합니다."

NVC
(Nonviolent Communication)로
누군가에게 감사하기

첫째,

그 사람이 한 일 중 우리(나)가 무엇을 축하하고자 하는지,

그가 한 어떤 행동이 우리(나)의 삶을 풍요롭게 했는지를 명료하게 표현한다.

둘째,

그 행동으로 인해 우리의 어떤 욕구가 충족되었는지를 말한다.

셋째,

그로 인해 우리가 어떻게 느끼는지,

우리 안에 어떤 느낌들이 생동하는지를 표현한다.

우리는 모두 진정한 감사의 말을 듣고 싶어 한다.

- 『비폭력 대화(NVC)』 중에서 -

1. 누구 : ○○○

2. 그 사람이 한 행동이나 말 중의 하나를 구체적으로 써 본다.

"오늘 계약직에 대한 공문이 왔어요. 44쪽을 읽어 보니 ○○ 선생님 1급 정교사 자격 연수를 받았는데 승급이 안 되었습니다. 작년까지는 그랬는데 올해 1월부터 시행했다고 적혀 있습니다."라고 다른 학교로 이동하셨는데도 전화로 알려 주는 ○○ 선생님

3. 그 행동이나 말로 나의 어떤 욕구가 충족되었나?

일의 명확성, 배려, 도움, 명료한 정보 공유, 명료성

4. 그것을 생각할 때 생기는 즐거운 느낌은?

난 아직 공문 확인도 안 했는데, 사실 내용을 알려 주는 배려에 고마운, 일을 바르게 할 수 있다는 만족스러운, 안심이 되는

5. 감사 표현하기

"나는 (명료함의) 욕구가 충족되어, 마음이 따뜻하고 생기가 돕니다. 감사합니다."

"나는 ○○ 선생님이 자기의 업무를 바로잡으려고 전화로 알려 줄 때, ○○ 선생님의 도움의 미덕(아름다움)을 봅니다."

1. 누구 : ○○○

2. 그 사람이 한 행동이나 말 중의 하나를 구체적으로 써 본다.
"수업안의 발문 내용이 수업의 흐름과 맞지 않아요."

3. 그 행동이나 말로 나의 어떤 욕구가 충족되었나?
수업의 전문성, 전문성을 갖춘 리더십, 신뢰, 믿음

4. 그것을 생각할 때 생기는 즐거운 느낌은?
수업안을 보고 수업의 흐름에 맞지 않는 발문이라는 것을 찾아내는
전문성에 경외로운

5. 감사 표현하기
"(수업 전문성을 갖춘 리더십의) 욕구가 충족되어, ○○ 선생님이 공동
체의 리더라 마음이 든든하고 감사합니다."

"○○ 선생님의 수업 전문성을 볼 때, ○○ 선생님의 전문성의 미
덕(아름다움)을 봅니다."

📖 NVC로 하는 감사하기

1. 누구 :

2. 그 사람이 한 행동이나 말 중의 하나를 구체적으로 써 본다.

....

....

....

3. 그 행동이나 말로 나의 어떤 욕구가 충족되었나?

....

....

....

4. 그것을 생각할 때 생기는 즐거운 느낌은?

....

....

....

5. 감사 표현하기

....

....

....

📖 NVC로 감사하기

관찰

책상 위에 등기가 와 있다. ○○ 선생님의 ○○상이다.

느낌

어린아이가 신나서 펄쩍펄쩍 뛰듯 가슴이 뛰는, 신나는, 반가운, 안심이 되는, 만족스러운, 커다란 웃음이 날 듯 즐거운

욕구

(충족된 욕구 찾기) 업무 곤란도 인정, 공정, 공평

감사하기

"(공정의) 욕구가 충족되어, 공적 내용에 대한 신뢰가 쌓이고, 안심이 됩니다. 감사합니다.

"○○ 선생님(책무성을 갖고 업무를 추진하는 모습)을 볼 때, ○○ 선생님의 미덕(아름다움)을 봅니다."

"오늘 하루 어떤가요?"

관찰

....

....

....

느낌

....

....

....

욕구 : (충족된 욕구 찾기)

....

....

....

감사하기

"(   ) 욕구가 충족되어, (   )하고 감사합니다."

"○○○선생님이 (   ) 때, ○○○ 선생님의 미덕(아름다움)을
봅니다."

1. 누구 : ○○○

2. 그 사람이 한 행동이나 말 중의 하나를 구체적으로 써 본다.

방학 중 학교를 둘러보는데, 교실에서 소리가 난다. 소리를 따라 가다 보니 ○○ 선생님께서 동아리 활동을 하고 계신다.

3. 그 행동이나 말로 나의 어떤 욕구가 충족되었나?

자율성, 책임감, 신뢰

4. 그것을 생각할 때 생기는 즐거운 느낌은?

감동적인, 든든한, 아름다운, 평화로운, 마음이 열리는, 반가운

5. 감사 표현하기

"○○선생님의 자율성을 볼 때, ○○선생님의 미덕(아름다움)을 봅니다."

"오늘 하루 어떤가요?"

관찰

느낌

욕구 : (충족된 욕구 찾기)

감사하기

"(   ) 욕구가 충족되어, (   )하고 감사합니다."

"○○○ 선생님이 (   ) 때, ○○○ 선생님의 미덕(아름다움)

을 봅니다."

1. 누구 : ○○○

2. 그 사람이 한 행동이나 말 중의 하나를 구체적으로 써 본다.
"그 업무는 특별한 일이 아니라 누군가가 해야 할 업무이고 업무에 속하는 한 부분이므로 가산점을 부과하지 않는 것이 좋겠습니다."라는 제안을 하는 ○○ 선생님

3. 그 행동이나 말로 나의 어떤 욕구가 충족되었나?
적합성, 당위성, 합리성, 공정, 공평, 도움, 지지

4. 그것을 생각할 때 생기는 즐거운 느낌은?
날아갈 듯한, 얼굴의 근육이 이완되는, 산들바람이 볼을 스치는 상쾌한

5. 감사 표현하기
"나는 합리적이고 당위성, 도움의 욕구가 충족되어, 주변이 밝아지고 마음이 가볍습니다. 감사합니다.

"나는 문제 상황에서 ○○ 선생님의 합리적인 제안을 들을 때, ○○ 선생님의 상황에 대한 합리적인 언어 표현의 아름다움을 봅니다."

"오늘 하루 어떤가요?"

관찰

··

··

느낌

··

··

욕구 : (충족된 욕구 찾기)

··

··

감사하기

"(   ) 욕구가 충족되어, (   )하고 감사합니다."

"○○○ 선생님이 (   ) 때, ○○○ 선생님의 미덕(아름다움)

을 봅니다."

※ 오늘 가족, 학생, 학부모, 동료에게 듣고 싶은 말이 있을까요?

··

··

1. 누구 : ○○○

2. 관찰 : "워크숍이 끝난 뒤에 한 선생님이 내는 의견이 '그럴 수도 있다, 내가 미처 생각하지 않은 의견을 낸다'고 생각을 합니다. 그래서 네 가지 안을 가지고 설문을 하려고 합니다." 라는 ○○ 선생님

3. 상대 느낌 : 맡은 업무를 제대로 하려고 몇 번의 수정 작업을 거친 것을 생각할 때 화가 나는, 혼란스러운, 기운을 잃은, 마음이 내키지 않는, 마음이 안 놓이는, 힘든, 답답한, 한숨이 나는

나의 느낌 : 결정된 상황을 수용하지 않고, 자기주장을 계속 늘어놓는 것이 안타까운, 동료의 업무를 배려하지 않는 제안이 갑갑한, '내가 옳다'는 생각에 사로잡혀 다른 사람의 의견을 듣지 않는 것이 난감한

4. 상대 욕구 : 도움, 명료성, 합리성, 업무에 대한 지원

5. **나의 부탁** : 워크숍 때 현재 결정한 내용에 대해 다른 제안을 하시는 선생님들이 계시지 않았습니다. 그 자리에서 침묵하다가 따로 의견을 제시하는 것은 불합리합니다. 워크숍 이후 들어오는 개인적인 주장에 흔들리지 마시고 집단 지성의 최종본으로 일을 보시면 어떨까요?

6. **감사 표현하기** : "○○ 선생님, 업무 곤란도가 가장 높은 업무를 맡아 주신 그 자체로 감사합니다."

Memo

"오늘 하루 어떤가요?"

관찰

....

....

....

느낌

....

....

....

욕구 : (충족된 욕구 찾기)

....

....

....

감사하기

"(   ) 욕구가 충족되어, (   )하고 감사합니다."

"○○○ 선생님이 (   ) 때, ○○○ 선생님의 미덕(아름다움)
을 봅니다."

NVC로 감사하기

1. 누구 : ○○○, ○○○

2. 관찰
두 선생님께 학년에 대한 권유를 하고 잠깐 기다리는데 ○○ 선생님이 나의 마음을 읽고 하시겠다고 한다. 옆에 계시던 ○○ 선생님이 "제가 ○학년을 할게요." 그리고 업무까지 두 분이 협의해서 결정을 한다.

3. 나의 느낌
그동안 공동체 구성원들에게 실망하고 힘들고 지치고 지루한 시간들이 싹 사라진다. 공동체를 이해하고 협력하는 모습이 감동스러운, 또 한편으로는 상대를 배려하지 않은 것 같아 마음이 쓰이는

4. 나의 욕구
수용, 공동체 이해

5. 감사 표현하기
"학교 공동체의 어려움을 수용하고, 업무에 대한 협의를 할 때도 사회 구성원의 질서와 관례대로 하는 모습을 볼 때, ○○, ○○ 선생님의 아름다움을 봅니다."

"오늘 하루 어떤가요?"

관찰

....

....

....

느낌

....

....

....

욕구 : (충족된 욕구 찾기)

....

....

....

감사하기

"(   ) 욕구가 충족되어, (   )하고 감사합니다."

"○○○ 선생님이 (   ) 때, ○○○ 선생님의 미덕(아름다움)

을 봅니다."

※ 오늘 가족, 학생, 학부모, 동료에게 듣고 싶은 말이 있을까요?

....

....

NVC로 감사하기

1. 누구 : ○○○

2. 그 사람이 한 행동이나 말 중의 하나를 구체적으로 써 본다.

코로나19로 원격 수업, 줌 수업(화상 수업), 블렌디드 수업을 위한
준비 과정에서 ○○ 선생님의 업무 추진, 지원 활동을 본다.

3. 그 행동이나 말로 나의 어떤 욕구가 충족되었나?

교육 활동 정상화에 긍정적 영향을 줌, 공동체 구성원의 수업의
정상화 실현, 소속감

4. 그것을 생각할 때 생기는 즐거운 느낌은?

안심이 되는, 염려하던 마음이 내려가는, 만족스러운, 친절하게
안내하는 행동을 볼 때 마음이 가벼운

5. 감사 표현하기

"나는 (수업 정상화)의 욕구가 충족되어, 염려하던 마음이 내려가
고 안심이 됩니다. 감사합니다.

관찰

느낌

욕구 : (충족된 욕구 찾기)

감사하기

"(　　　　　　) 욕구가 충족되어, (　　　　　　)하고 감사합니다."

"○○○ 선생님이 (　　　　　　) 때, ○○○ 선생님의 미덕(아름다움)
을 봅니다."

📖 NVC로 감사하기

관찰

"○○ 신생님, ○○ 교사의 생년월일을 다시 확인해 보세요."

느낌

확인하기 전 그 순간에는 화들짝 놀란, 당황한, 확인 후에는 반복적으로 감사한 마음이 자꾸 올라오는, 도움을 받아 정확하게 할 수 있어 날아갈 듯 기쁜, 노래를 부르고 싶을 정도로 즐거운

나의 욕구

중요성, 정확성, 신뢰

상대 욕구

중요성, 도움

감사하기

"선생님 개인의 성과와 관련된 중요한 업무인데 정확하게 할 수 있도록 도움을 주신 것에 감사합니다."

"서류를 꼼꼼하게 살펴 잘못된 부분을 알려 주어 바르게 할 수 있도록 노움을 줄 때, ○○ 선생님의 업무에 대한 관심 그리고 한결같음, 일관성의 미덕(아름다움)을 봅니다."

관찰

느낌

욕구 : (충족된 욕구 찾기)

감사하기

"(   ) 욕구가 충족되어, (   )하고 감사합니다."

"○○○ 선생님이 (   ) 때, ○○○ 선생님의 미덕(아름다움)
을 봅니다."

1. 누구 : ○○○

2. 그 사람이 한 행동이나 말 중의 하나를 구체적으로 써 본다.

학적 나이스 업무에 체크가 되어 있는 것을 보다.

3. 그 행동이나 말로 나의 어떤 욕구가 충족되었나?

지원, 업무 추진의 수월성, 안도, 여유, 홀가분함

4. 그것을 생각할 때 생기는 즐거운 느낌은?

'반가운 마음이 올라오면서 얼굴 주위가 가벼워지는, 학적·나이스' 업무를 희망하면 좋겠다. 희망자가 없으면 누가 적임자일까 고민 하던 중이어서 더 홀가분하다. 입가에 미소가 번진다. 앉은 자리 에서 일어나 허리를 쭉 편다. 마음과 몸이 가볍다. ○○ 선생님에 대해 호의적인, 흥미가 생기는, 관심이 생기는, 친근한.

5. 감사 표현하기

"고민하던 일이 해결이 되도록 지원해 주셔서, 몸과 마음이 한결 가볍습니다. 감사합니다.

관찰

....

....

....

....

느낌

....

....

....

....

욕구 : (충족된 욕구 찾기)

....

....

....

....

감사하기

"(   ) 욕구가 충족되어, (   )하고 감사합니다."

"○○○ 선생님이 (   ) 때, ○○○ 선생님의 미덕(아름다움)
을 봅니다."

📖 NVC 대화로 공감 후 감사하기

관찰
"지금 계획서를 작성해도 될까요?"

나의 느낌
안심이 되는, 친근한, 명확해진, 미소가 지어지는

상대 욕구
이해, 수용, 승인, 정확한 업무(전문성), 자기 돌봄, 자기 보호

나의 욕구
정확한 업무(전문성), 연결, 자각, 안도, 안전, 자기 돌봄, 자기 보호

감사하기
본인이 맡은 업무의 실수를 바로잡아 주시는 태도에 안심이 된다. 한편으로는 업무를 잘 추진할 수 있도록 지원하지 못한 것에 대한 미안함도 생긴다. 감사하다.

"오늘 하루 어떤가요?"

관찰

....

....

....

느낌

....

....

....

욕구 : (충족된 욕구 찾기)

....

....

....

감사하기

"(   ) 욕구가 충족되어, (   )하고 감사합니다."

"○○○ 선생님이 (   ) 때, ○○○ 선생님의 미덕(아름다움)

을 봅니다."

📖 누군가에게 NVC로 감사하기

누구 :

(1) 내가 감사하고 싶은 그 사람의 말이나 행동(관찰)

(2) 그것을 생각할 때 나의 느낌

(3) 충족된 나의 욕구

(4) 감사하기

관찰
"○○ 평가 합산이 틀린 것 같아요."

나의 느낌
놀라면서도 반가운, 안심이 되는, 호의적인, 흡족한

나의 욕구
정확성, 명료함, 도움

감사하기
선생님들께 중요한 내용이고 정확성이 필요한 업무인데 도움을 받아 흡족하고 감사하다.

"오늘 하루 어떤가요?"

[누군가에게 감사하기]

(1) 내가 감사하고 싶은 그 사람의 말이나 행동(관찰)

(2) 그것을 생각할 때 나의 느낌

(3) 충족된 나의 욕구

(4) 감사하기

"나는 (   ) 욕구가 충족되어, (   )하고 감사합니다."

"나는 ○○○ 선생님(학생, 주변 사람, 가족 등)이 (   ) 때,
  ○○○ 의 미덕(아름다움)을 봅니다."

NVC로 감사하기

관찰	○○ 선생님이 업무 관련 출력물을 가지고, 본인이 할 일과 ○○ 선생님이 할 일을 말할 때
나의 느낌	친절한 설명에 생기가 도는, 안심이 되는, 만족스러운, 차분한, 마음이 열리는
상대의 욕구	업무의 명료성, 경청, 이해, 수용, 도움, 협조
관찰	○○ 선생님께 업무의 경계를 알리니, 고개를 끄덕이며 즉시 하겠다고 할 때
나의 느낌	편안한, 고마운, 즐거운, 안심이 되는, 평화로운, 아름다운, 마음이 열리는
나의 욕구	업무 이해, 업무 수용, 공동체 유대
상대 욕구	상호 이해, 상호 인정, 수용, 업무의 조화, 공동체 연결
감사 하기	○○ 선생님의 업무 경계에 대한 의견을 제시할 때 차분하면서도 타당성 있게 설명을 하니 마음이 차분해진다. 편안하게 의견 수용이 되도록 해 주셔서 감사하다. ○○ 선생님께 업무를 설명할 때, 업무의 내용을 빨리 알아차리고 수용해 주니, 마음이 홀가분하고 감사하다.

"나는 (공동체 연결) 욕구가 충족되어, 밝은 미소로 ○○, ○○ 선생님을 마주할 수 있어 감사합니다."

"나는 ○○, ○○ 선생님이 (차분한 목소리로 자기 업무를 설명할) 때, ○○, ○○ 선생님의 친절의 아름다움을 봅니다."

"오늘 하루 어떤가요?"

[누군가에게 감사하기]

(1) 내가 감사하고 싶은 그 사람의 말이나 행동(관찰)

(2) 그것을 생각할 때 나의 느낌

(3) 충족된 나의 욕구

(4) 감사하기

"나는 (   ) 욕구가 충족되어, (   )하고 감사합니다."

"나는 ○○○ 선생님(학생, 주변 사람, 가족 등)이 (   ) 때,
○○○ 의 미덕(아름다움)을 봅니다."

누군가에게 감사하기(NVC 대화 중에서)

누구: ○○○ 선생님

(1) 내가 감사하고 싶은 그 사람의 말이나 행동(관찰)

항상 긍정적으로 말씀해 주시는 ○○ 선생님께 감사한 마음입니다, 라는 피드백을 할 때

(2) 그것을 생각할 때 나의 느낌

예상치 않은 피드백에 기분이 점점 나아지는, 힘이 나는, 만족스러운, 흐뭇한

(3) 충족된 나의 욕구

상대 공감으로 대화하기를 실천하는 열정, 나의 노력을 알아주는 것, 인정

(4) 감사하기

"나는 인정의 욕구가 충족되어 흐뭇합니다. 즐거운 하루, 기운 나는 하루를 보낼 수 있는 피드백을 주셔서 감사합니다."

[누군가에게 감사하기]

(1) 내가 감사하고 싶은 그 사람의 말이나 행동(관찰)

....

....

....

(2) 그것을 생각할 때 나의 느낌

....

....

....

(3) 충족된 나의 욕구

....

....

(4) 감사하기

"나는 (　　　　　) 욕구가 충족되어, (　　　　　　)하고 감사합니다."

"나는 ○○○ 선생님(학생, 주변 사람, 가족 등)이 (　　　　　　　) 때,
　○○○의 미덕(아름다움)을 봅니다."

📖 누군가에게 감사하기(NVC 공감 대화로 감사하기)

관찰

"노사 관계 소통 지원 연수 신청하세요."

나의 느낌

생각지도 않은 권유에 놀라면서도 따뜻한, 관심이 있는 분야여서 생기가 도는, 정을 느끼는, 친근한, 마음이 열리는, 마음이 넓어지는

나의 욕구

배려, 참여, 소속감, 존재, 여유, 힐링, 성장, 배움, 발전

감사하기

관심이 있는 분야라 가고 싶었다. 주중이라 망설이고 있었다. 먼저 ○○ 선생님이 현재의 상황을 알아차려 연수를 가도록 권유해 주셔서 감사하다. 나의 욕구가 충족되어 감사한 마음이 충만하다.

업무에 대한 적합한 판단, 동료에 대한 적절한 지원으로 리더로서의 덕망을 펼칠 때, 선생님의 아름다움을 봅니다.

"오늘 하루 어떤가요?"

[누군가에게 감사하기]

(1) 내가 감사하고 싶은 그 사람의 말이나 행동(관찰)

_____

_____

_____

(2) 그것을 생각할 때 나의 느낌

_____

_____

_____

(3) 충족된 나의 욕구

_____

_____

_____

(4) 감사하기

"나는 (   ) 욕구가 충족되어, (   )하고 감사합니다."

"나는 ○○○ 선생님(학생, 주변 사람, 가족 등)이 (   ) 때,
○○○의 미덕(아름다움)을 봅니다."

📖 누군가에게 감사하기(NVC 공감 대화로 감사하기)

관찰

○○실에 들어오니 환경 게시판이 꾸며져 있다.

나의 느낌

텅 빈 환경판을 볼 때마다 '저 빈 공간을 채워야 하나' 하는 생각에 마음이 혼란스러웠는데 환경판이 꾸며져 있는 것을 볼 때 놀라면서도 즐거운, '힘든 작업이었을 텐데 말없이 언제 저걸 다 했지' 하는 생각에 마음이 따뜻한, 바쁜 일정 속에 틈틈이 했을 마음을 생각하니 고마운, 감사한, 호의적인

나의 욕구

도움, 지원, 소속감

상대 욕구

도움, 지원, 소속감

감사하기

환경판을 꾸미고 있는지도 모를 정도로 조용히 해 주신 것, 정성껏 해 주신 환경판 구성으로 ○○실의 분위기가 활기차고, 아름답다. 틈틈이 했을 것을 생각하니 너 감사하다.

"○○ 선생님이 (휑한 ○○실을 풍요롭게 아름답게 보이도록 능력을 발휘한 것을 생각할) 때, ○○ 선생님의 정성과 지원의 미덕(아름다움)을 봅니다."

[누군가에게 감사하기]

(1) 내가 감사하고 싶은 그 사람의 말이나 행동(관찰)

....

....

....

(2) 그것을 생각할 때 나의 느낌

....

....

....

(3) 충족된 나의 욕구

....

....

....

(4) 감사하기

"나는 (   ) 욕구가 충족되어, (   )하고 감사합니다."

"나는 ○○○ 선생님(학생, 주변 사람, 가족 등)이 (   ) 때,
  ○○○의 미덕(아름다움)을 봅니다."

📖 누군가에게 감사하기(NVC 공감 대화로 감사하기)

관찰

아직 다음 주 아이들 대화도 남아 있지만 이번 주 너무 갑작스러운 상황 속에서도 큰 도움 주셔서 감사합니다! 정말 너무 당황스럽고 속상한 마음이 컸었는데 이 과정 속에서 지도 많이 배우고 비었던 것이 채워지는 느낌이었습니다―

꼭 그 마음과 은혜 잊지 않겠습니다 ^^ 교실 안에서 아이들을 더욱 깊이 살펴보고 많은 부분을 챙길 수 있는 교사가 되겠습니다. 편안한 주말 보내세요. 너무 감사합니다!

나의 느낌

예상하지 못한 감사 피드백으로 온몸, 특히 배 쪽으로 붙어 있던 약간의 무거움이 사라진다. 주위가 어둠 속의 달빛을 보고 있는 것처럼 잠시 고요해진다. 어둠 속의 수많은 별들이 은은한 빛을 내는 듯하다. 안도의 숨이 나온다.

나의 욕구

도움, 나눔, 공감, 기여, 지원, 인정

상대 욕구

도움, 지원, 소속감, 공감

감사하기

선생님의 감사의 말에 겸손해집니다. 도움이 되셨다니, 앞으로 내가 한 경험을 나눔 해도 되겠다는 자신감이 생깁니다. 감사합니다.

○○○ 선생님의 상대 수고에 대한 감사의 말로 힘나는 하루를 시작합니다.

"○○○ 선생님의 피드백은 '할 수 있다'는 힘을 줍니다. 감사합니다."

Memo

"오늘 하루 어떤가요?"

(누군가에게 감사하기)

(1) 내가 감사하고 싶은 그 사람의 말이나 행동(관찰)

....

....

....

(2) 그것을 생각할 때 나의 느낌

....

....

....

(3) 충족된 나의 욕구

....

....

....

(4) 감사하기

"나는 (   ) 욕구가 충족되어, (   )하고 감사합니다."

"나는 ○○○ 선생님(학생, 주변 사람, 가족 등)이 (   ) 때,
○○○의 미덕(아름다움)을 봅니다."

📖 누군가에게 감사하기(NVC 공감 대화로 감사하기)

관찰

"감사받느라 수고하셨지요? 고맙습니다."

나의 느낌

일부러 전화를 해 나의 수고를 알아주어 오히려 고마운, 호의적인,

마음이 넓어지는

나의 욕구

인정, 연결, 공감

상대 욕구

감사, 공감, 연결, 고마움

감사하기

'그동안의 수고를 공감해 주는 말에 인정의 욕구가 충족되어 감사합니다.'

"오늘 하루 어떤가요?"

[누군가에게 감사하기]

(1) 내가 감사하고 싶은 그 사람의 말이나 행동(관찰)

....

....

....

(2) 그것을 생각할 때 나의 느낌

....

....

....

(3) 충족된 나의 욕구

....

....

....

(4) 감사하기

"나는 (   ) 욕구가 충족되어, (   )하고 감사합니다."

"나는 ○○○ 선생님(학생, 주변 사람, 가족 등)이 (   ) 때,
○○○의 미덕(아름다움)을 봅니다."

📖 누군가에게 감사하기(NVC 공감 대화로 감사하기)

관찰

감사 끝난 날이다. ○○ 선생님이 말한다. "저녁 식사라도 같이 해요."

나의 느낌

감사가 끝났다는 홀가분한 그리고 피곤한 몸과 마음으로 앉아 있다가 "저녁 식사라도 같이 해요."라는 말을 들으니 따뜻하고 정스럽다.

나의 욕구

소속감, 공감, 이해, 인정, 연결, 배려

상대 욕구

소속감, 공감, 배려, 인정

감사하기

"저녁 식사라도 같이 해요."라는 ○○ 선생님의 한마디 말에 혼자라는 외로움에서 빠져나오고, '수고에 대한 인정을 받는 것 같아 감사하다.

"○○ 선생님이 "저녁 식사라도 같이 해요."라고 할때, ○○ 선생님의 상대 공감 능력의 미덕(아름다움)을 봅니다."

"오늘 하루 어떤가요?"

[누군가에게 감사하기]

(1) 내가 감사하고 싶은 그 사람의 말이나 행동(관찰)

----

(2) 그것을 생각할 때 나의 느낌

----

(3) 충족된 나의 욕구

----

(4) 감사하기

"나는 (   ) 욕구가 충족되어, (   )하고 감사합니다."

"나는 ○○○ 선생님(학생, 주변 사람, 가족 등)이 (   ) 때, ○○○의 미덕(아름다움)을 봅니다."

📖 누군가에게 감사하기(NVC 공감 대화로 감사하기)

관찰

"내가 아이랑 그렇게 오래 긴 이야기를 한 것은 처음입니다. 선생님 말 듣고 "힘들지?"라고 하니 "응, 엄마."라고 해요. 그리고 잘 풀렸어요. 아이랑 힘들 때마다 ○○ 선생님 도움을 받으면 풀려요. 감사해요."

나의 느낌

인정받는 것 같아 뿌듯한, 흥분되는, 확신하는, 학생들의 마음을 알려고 노력한 시간에 대한 보상을 받는 것 같아 따뜻한, 흡족한, 용기 나는

나의 욕구

나눔, 자존감, 인정, 즐거움

감사하기

'동료의 인정, 긍정적인 피드백은 다른 학부모께도 내 사례를 들려줘도 되겠다는 생각이 든다.
할 수 있다는 자신감이 더 생긴다. 감사하다.'

"오늘 하루 어떤가요?"

[누군가에게 감사하기]

(1) 내가 감사하고 싶은 그 사람의 말이나 행동(관찰)

(2) 그것을 생각할 때 나의 느낌

(3) 충족된 나의 욕구

(4) 감사하기

"나는 (　　　　　) 욕구가 충족되어, (　　　　　)하고 감사합니다."

"나는 ○○○ 선생님(학생, 주변 사람, 가족 등)이 (　　　　　) 때,
　○○○의 미덕(아름다움)을 봅니다."

📖 누군가에게 감사하기(NVC 공감 대화로 감사하기)

관찰

"다른 선생님들 이야기를 들으니, 선생님과 이야기를 하고 난 후, 아이들이 밝은 표정으로 다 교실에 오고 행동도 변한다는 이야기를 들었습니다. 아이들이 선생님과 이야기하고 오면 속이 후련하다고 합니다. 선생님, 바쁘신 줄 알지만 부탁을 하려 합니다. 우리 반 아이들 상담을 부탁합니다. 학부모한테도 말을 하니 좋다고 하셨습니다."

나의 느낌

인정해 주시니 고마운, 정답이 없으므로 잘될지 모른다는 말을 전하는 내 마음은 염려도 되는, 마음이 열리는, 호기심이 생기는

나의 욕구

예측 가능성, 나눔, 공감, 지원, 지지, 도움, 연결

상대 욕구

도움, 지원, 연결, 공감

감사하기

"인정해 주시니 감사해요. 이 일은 정답이 없어 다 잘될 거라는 약속은 할 수 없지만 여태 잘해 왔으니 그 경험으로 해 볼게요. 어떤 상황인지 호기심도 생겨요. 신뢰해 주셔서 감사합니다."

"오늘 하루 어떤가요?"

(누군가에게 감사하기)

(1) 내가 감사하고 싶은 그 사람의 말이나 행동(관찰)

....

....

....

....

(2) 그것을 생각할 때 나의 느낌

....

....

....

....

(3) 충족된 나의 욕구

....

....

....

(4) 감사하기

"나는 (   ) 욕구가 충족되어, (   )하고 감사합니다."

"나는 ○○○ 선생님(학생, 주변 사람, 가족 등)이 (   ) 때,
○○○의 미덕(아름다움)을 봅니다."

📖 누군가에게 감사하기(NVC 공감 대화로 감사하기)

관찰

학교 폭력 사안으로 관련 선생님들이 서로 협력을 한다.

나의 느낌

아름다운, 든든한, 마음이 놓이는, 안심이 되는, 힘이 나는, 만족한

나의 욕구

소속감, 공동체 구성원 간의 협력, 상호 간의 공감, 공동체 구성원의 안전

감사하기

"학교 폭력 사안이 발생될 때, 관련 업무 선생님과 연결, 학부모, 학생과 소통하며 긴 시간 동안 책임감을 다하는 모습을 볼 때, 안심이 되고 감사합니다."

"○○, ○○ 선생님의 상호 협조, 소통하는 모습에서 ○○, ○○ 선생님의 상호 협조하는 미덕(아름다움)을 봅니다."

"오늘 하루 어떤가요?"

[누군가에게 감사하기]

(1) 내가 감사하고 싶은 그 사람의 말이나 행동(관찰)

_____

_____

_____

(2) 그것을 생각할 때 나의 느낌

_____

_____

_____

(3) 충족된 나의 욕구

_____

_____

_____

(4) 감사하기

"나는 (   ) 욕구가 충족되어, (   )하고 감사합니다."

"나는 ○○○ 선생님(학생, 주변 사람, 가족 등)이 (   ) 때,
○○○의 미덕(아름다움)을 봅니다."

📖 누군가에게 감사하기(NVC 공감 대화로 감사하기)

관찰

동료 선생님의 병가로 학기 중에 학년과 업무를 다시 배정해야 한다. 두 선생님께 부탁과 조율을 해야 하는 상황이다.

나의 느낌

힘든, 마음이 쓰이는, 망설여지는, 불안한, 괴로운, 조급한, 분주한, 심란한

나의 욕구

용기, 수용, 적절한 자기표현, 도전

관찰

두 선생님께서 부탁을 승낙한다.

나의 느낌

감동적인, 훈훈한, 아름다운, 고마운, 마음이 가벼운, 호의적인, 힘이 나는

나의 욕구

수용, 이해, 공동체 협력, 도움, 지원, 공감

상대 욕구

배려, 수용, 이해, 공동체 협력, 도움, 지원, 공감, 기여

감사하기

"동료 선생님의 병가로 예측하지 못한 일이 일어났지요. 곤란도가 높은 업무, 학년을 부탁할 때, 예측하지 못한 일임에도, 힘든 마음이 분명히 있는데도 불구하고, 선생님의 수용으로 염려되는 부분들이 사라졌습니다. 선생님의 공동체 구성원의 문제 상황 수용과 공동체 기여에 감사드립니다."

"두 선생님의 공동체 기여로 그동안의 힘듦이 사라지고 몸과 마음이 회복됩니다. 두 선생님의 기여하는 미덕(아름다움)을 봅니다."

Memo

"오늘 하루 어떤가요?"

[누군가에게 감사하기]

(1) 내가 감사하고 싶은 그 사람의 말이나 행동(관찰)

....

....

....

....

(2) 그것을 생각할 때 나의 느낌

....

....

....

....

(3) 충족된 나의 욕구

....

....

....

(4) 감사하기

"나는 (   ) 욕구가 충족되어, (   )하고 감사합니다."

"나는 ○○○선생님(학생, 주변 사람, 가족 등)이 (   ) 때,
　○○○의 미덕(아름다움)을 봅니다."

📖 누군가에게 감사하기(NVC 공감 대화로 감사하기)

관찰
주차장을 나서면, ○○ 선생님과 가장 먼저 인사를 나눈다.

나의 느낌
얼굴 근육에 미소가 만들어지는, 온몸의 세포가 덩달아 즐거워하는, 아침의 출발이 활기차고 신나는, 든든한, 안전한 등교에 대한 신뢰로 안심이 되는

나의 욕구
공동체 안전, 공동체 사랑, 믿음, 신뢰, 소속감, 책무성, 성실성

감사하기
"출근할 때, 정문에서 선생님의 힘찬 인사말을 듣습니다. 인사말을 들을 때마다 안심이 되고 든든합니다. '공동체가 안전하다'는 믿음이 생기기 때문입니다. 선생님의 공동체 사랑과 책무성에 감사드립니다.

"정문, 운동장, 보이지 않는 장소에서, 매일 학생들의 안전을 위해 책임을 다하시는 모습을 볼 때, 선생님의 공동체 사랑과 책임감의 미덕(아름다움)을 봅니다."

"오늘 하루 어떤가요?"

[누군가에게 감사하기]

(1) 내가 감사하고 싶은 그 사람의 말이나 행동(관찰)

(2) 그것을 생각할 때 나의 느낌

(3) 충족된 나의 욕구

(4) 감사하기

"나는 (   ) 욕구가 충족되어, (   )하고 감사합니다."

"나는 ○○○ 선생님(학생, 주변 사람, 가족 등)이 (   ) 때,
  ○○○의 미덕(아름다움)을 봅니다."

📖 누군가에게 감사하기(NVC 공감 대화로 감사하기)

관찰

학생들의 교통안전을 위해 학부모 차량, 봉사하시는 어르신들 관리, 학교 화단 풀 뽑기, 방울토마토, 도라지, 가지, 토마토, 고구마, 고추 등을 가꾸시는 모습을 본다.

나의 느낌

반가운, 안심이 되는, 흡족한, 학교의 여러 곳을 세밀하게 살펴보시고 문제점이 보일 때 는 합리적인 제안을 하실 때 든든하고 축복받은

나의 욕구

책무성, 성실성, 자율성, 소속감, 공동체 안전, 신뢰

감사하기

"학생들의 교통안전을 위해 학부모 차량, 봉사하시는 어르신들 관리, 학교 화단 풀 뽑기, 방울토마토, 도라지, 가지, 토마토, 고구마, 고추 가꾸기 등 스스로 일을 찾아서 하실 때 교실 밖 공동체가 안전하다는 신뢰가 쌓입니다. 감사합니다."

"학생들의 교통안전을 위해 학부모 차량, 봉사하시는 어르신들 관리, 학교 화단 풀 뽑기, 식물 가꾸기 등 스스로 일을 찾아서 하실 때, 선생님의 공동체 사랑과 책무성의 미덕(아름다움)을 봅니다. 감사합니다."

[누군가에게 감사하기]

(1) 내가 감사하고 싶은 그 사람의 말이나 행동(관찰)

....

....

....

(2) 그것을 생각할 때 나의 느낌

....

....

....

(3) 충족된 나의 욕구

....

....

(4) 감사하기

"나는 (   ) 욕구가 충족되어, (   )하고 감사합니다."

"나는 ○○○ 선생님(학생, 주변 사람, 가족 등)이 (   ) 때,
    ○○○의 미덕(아름다움)을 봅니다."

누군가에게 감사하기(NVC 공감 대화로 감사하기)

관찰

교육 과정 1, 2차 워크숍 협의가 끝난 내용을 두고, 다시 한다고 한다.

나의 느낌

모두의 부탁을 다 들어주려고 하는 태도가 부담스러운, 곤란한, 누구의 책임인지를 정확하게 모르는 모습에서 답답한, 이 시기에 누가 고생을 하고 있고 해당 학년이 받고 있는 혜택에 대해 모르는 것 같아 갑갑한, 한 사람의 의견에 우왕좌왕하는 모습에 실망스러운, 이런 상황을 몰랐다는 것이 부끄럽고 심란하고 황당하고 외로운

상대 욕구

개개인의 의견과 생각을 수렴, 갈등 상황을 평화롭게 해결하고 싶은 마음, 정서적 안정, 자기 보호, 존재감, 자신감, 편안함

관찰

"실수한 사람은 선생님입니다."라고 말하자 곧추세워 있던 몸의 힘을 빼며 "예, 제 실수입니다."라고 즉각 인정한다.

나의 느낌

격노하려는 마음이 쑥 내려가는

나의 욕구

올바른 방향을 잡아 줄 리더십, 공평, 공동체 질서, 업무자에 대한 배려, 협의한 내용에 대한 존중, 정직, 합리성, 인정

감사하기

"올바른 방향을 잡아 줄 리더십이 충족되지 않아 절망적이고 격노하려 했지만, 자신의 실수라고 말할 때 정직과 인정의 욕구가 충족되어 마음이 훅 내려간다. 그 순간에 정직이 필요했기 때문이다. ○○ 선생님이 자기 실수를 인정해 주신 것에 감사하다."

"확고한 의지를 가지고 자기 의사를 표현한 뒤 실수나 잘못을 인정하기란 쉽지 않은데 바로 자기의 실수를 인정하는 모습이 경외롭고 아름답다."

모든 사람의 말과 행동은 욕구 충족을 위한 시도다.

-『비폭력 대화』 중에서 -

Memo

"오늘 하루 어떤가요?"
(누군가에게 감사하기)

(1) 내가 감사하고 싶은 그 사람의 말이나 행동(관찰)

_____

_____

_____

(2) 그것을 생각할 때 나의 느낌

_____

_____

_____

(3) 충족된 나의 욕구

_____

_____

_____

(4) 감사하기

"나는 (   ) 욕구가 충족되어, (   )하고 감사합니다."

"나는 ○○○ 선생님(학생, 주변 사람, 가족 등)이 (   ) 때,
  ○○○의 미덕(아름다움)을 봅니다."

📖 누군가에게 감사하기(NVC 공감 대화로 감사하기)

관찰
○○ 선생님이 학생, 교사, 학부모 대상으로 공개 수업을 세 번 하신다.

나의 느낌
한 번 공개 수업 하는 것도 어려운데 대단하다는 생각에 감동이 되는, 안심이 되는

나의 욕구
자율성, 책무성, 성실성, 공동체 지원, 공동체 구성원의 수업 전문성, 신뢰, 믿음

감사하기
"학생, 교사, 학부모 대상으로 공개 수업을 세 번 하는 것을 보고, 공동체 구성원의 수업 전문성 향상에 기여해 주신 것에 감사하다."

"○○ 선생님이 사전 수업안 협의, 수업 활동, 수업 사후 협의까지 당당한 모습으로 추진하는 모습을 볼 때, 공동체 구성원의 수업 전문성 향상에 기여하는 ○○ 선생님의 미덕(아름다움)을 봅니다."

"오늘 하루 어떤가요?"

[누군가에게 감사하기]

(1) 내가 감사하고 싶은 그 사람의 말이나 행동(관찰)

....

....

....

(2) 그것을 생각할 때 나의 느낌

....

....

....

(3) 충족된 나의 욕구

....

....

....

(4) 감사하기

"나는 (   ) 욕구가 충족되어, (   )하고 감사합니다."

"나는 ㅇㅇㅇ 선생님(학생, 주변 사람, 가족 등)이 (   ) 때,
 ㅇㅇㅇ의 미덕(아름다움)을 봅니다.""

📖 누군가에게 감사하기(NVC 공감 대화로 감사하기)

관찰

○○ 선생님이 나의 이야기를 들어 준다.

나의 느낌

감사한, 마음이 열리는, 한편으로는 시간을 뺏은 것 같아 미안한

나의 욕구

상대를 공감하지 않는 자유로운 표현, 공동체의 상황 이해

감사하기

"상대의 마음을 이해하고 불편하거나 갑갑한 일이 있어도 '좋은 게 좋다'는 생각으로 넘어간 일들, 상대에게 직접적인 말을 하지 못한 것들을 할 수 있는 시간, 기회를 주셔서 ○○ 선생님께 감사합니다."

"오늘 하루 어떤가요?"

[누군가에게 감사하기]

(1) 내가 감사하고 싶은 그 사람의 말이나 행동(관찰)

....

....

....

(2) 그것을 생각할 때 나의 느낌

....

....

....

(3) 충족된 나의 욕구

....

....

....

(4) 감사하기

"나는 (   ) 욕구가 충족되어, (   )하고 감사합니다."

"나는 ○○○ 선생님(학생, 주변 사람, 가족 등)이 (   ) 때,
○○○의 미덕(아름다움)을 봅니다."

📖 누군가에게 감사하기(NVC 공감 대화로 감사하기)

관찰

감사합니다. 상 받을 만큼 한 것도 아니라 부끄럽습니다. 제겐 태어나서 받아 보는 가장 큰 상이라 감동입니다. 다 선생님 덕분입니다. ^^

이렇게 진심으로 기뻐해 주시니 더욱 감사드립니다.

나의 느낌

상대의 겸손한 답글에 마음이 따뜻한, 호의적인, 기꺼이 축하해 주려는 나의 마음을 알아주어 기쁜, 즐거운, 쾌활한, 훈훈한, 편안한

나의 욕구

축하, 발견, 희망, 진실

감사하기

'보상을 받으려고 업무를 하는 것은 아니다. 공동체 구성원으로 업무들을 서로 나누어 맡아야 한다. 조화롭게 공평하게 한다고는 하나 그러긴 힘들다. 칼로 베듯 자를 수 없는 것이다. 가끔은 보상까지 생각하고 자로 재듯 자기 할 일을 찾는 분도 있다. 구성원들의 피지컬이 다 다르듯 생각의 그릇도 다 다르다. 그럼에도 곤란도가 높은 학년 또는 업무를 맡을 때 상대를 배려하여 맡아 주시고 수고해 주신 ○○, ○○ 선생님께 감사하다. 진심으로 축하하는 나의 마음에 대한 겸손한 답변에도 감사하다.'

"표창 명단을 보고 공평, 공정, 공감의 욕구가 충족되어 감사하다."

"오늘 하루 표창으로 축하할 일이 있어 감사하다."

"정부 포상이 ○○ 선생님의 지친 마음을 잠시나마 벗어나게 할 작은 위
로가 될 수 있을 것 같아 감사하다."

Memo

"오늘 하루 어떤가요?"

[누군가에게 감사하기]

(1) 내가 감사하고 싶은 그 사람의 말이나 행동(관찰)

....

....

....

(2) 그것을 생각할 때 나의 느낌

....

....

....

(3) 충족된 나의 욕구

....

....

....

(4) 감사하기

"나는 (   ) 욕구가 충족되어, (   )하고 감사합니다."

"나는 ○○○ 선생님(학생, 주변 사람, 가족 등)이 (   ) 때,
  ○○○의 미덕(아름다움)을 봅니다."

📖 누군가에게 감사하기(NVC 공감 대화로 감사하기)

관찰 1

선생님— 오늘 조언해 주신 방향으로 ○○ 학생 어머니와 통화를 하니 너무 우호적으로 받아 주셨습니다! 그리고 오늘 ○○와는 짧은 상담을 한 탓에 ○○가 조금 억울한 부분이 있었는지 ○○ 어머니도 전화를 주셨어요. 전화주신 덕분에 ○○의 억울한 부분도 확인하고 ○○의 어떤 행동들이 ○○한테 상처나 위협으로 오해가 되었을지 어머니랑 이야기를 나눌 수 있었습니다. 항상 긴급한 상황이 생겼을때 방향을 잡아 주셔서 감사합니다. 걱정하실까 봐 문자로만 남깁니다! 편안한 저녁 보내세요.

관찰 2

○ 반 선생님에게 연락이 왔는데, 학부모가 학폭 절차를 원하진 않았고 대화로 잘 마무리했다고 합니다. 이제 학급 운영에 집중하면 될 것 같다고 해요. 신경 써 주셔서 감사합니다.

나의 느낌

궁금해하고 있었던 터라 두 분의 소식이 반가운, 상대의 수고를 알아주심에 고마운, 궁금해하고 있을 나에게 정보를 주는 배려에 호의적이고 따뜻한, 나의 활동이 도움이 되었다고 하니 만족스럽고 자신감이 생기는, 명확해진, 정답이 없는 활동이라 가끔은 두렵기도 하고 망설여지기도 하는데 힘이 솟는

나의 욕구

배려, 지원, 나눔, 공동체 소속감

상대 욕구

배려, 감사, 지원, 도움

감사하기

"나의 경험을 바탕으로 지원은 하지만 정답이 없는 활동이라 조마조마
 하기도 하다. 상대가 궁금해할 것을 알고 정보를 알려 주시는 배려에
 감사하다."

"상호 협조, 도움, 지원의 욕구가 충족되어 감사합니다."

Memo

"오늘 하루 어떤가요?"

[누군가에게 감사하기]

누구 :

(1) 내가 감사하고 싶은 그 사람의 말이나 행동(관찰)

....

....

....

(2) 그것을 생각할 때 나의 느낌

....

....

....

(3) 충족된 나의 욕구

....

....

....

(4) 감사하기

"나는 (   ) 욕구가 충족되어, (   )하고 감사합니다."

"나는 ○○○ 선생님(학생, 주변 사람, 가족 등)이 (   ) 때,
○○○의 미덕(아름다움)을 봅니다."

📖 누군가에게 감사하기(NVC 공감 대화로 감사하기)

관찰
동료의 업무 추진 모습을 보다.

나의 느낌
호의적인, 든든한, 만족스러운, 생기가 도는, 궁금한, 아름다운

나의 욕구
업무의 자율성, 희망, 참여, 학생의 배움, 학생의 성장과 발전

상대 욕구
주관을 가짐, 업무의 자율성, 학생 지원, 상호성, 학생과의 소통, 학생의 성장과 발전

감사하기
"학생들의 공약 내용을 가지고 지도한 내용, 공약 내용 중에서 할 수 있는 일, 그리고 그 일을 할 때 먼저 가서 상의하고 협의해야 되는 업무자 및 업무 내용 등을 가지고 보고를 하는데, 그 내용들이 상대를 배려하고 공동체 구성원을 존중하는 언어와 내용, 활동들로 가득하다. 듣고 있는데 공기가 맑아지고 밝은 에너지 기운이 살아나는 듯 그 공간이 아름답다. 선생님의 상호 존중하고 상호 배려하는 업무 추진 모습이 감사하다."

"업무자가 자기 업무를 바르게 파악한 후 그 업무에 적합한 추진 의지를 볼 때, 자율성의 욕구가 충족되어 감사하다."

Memo

"오늘 하루 어떤가요?"

[누군가에게 감사하기]

누구 :

(1) 내가 감사하고 싶은 그 사람의 말이나 행동(관찰)

....

....

(2) 그것을 생각할 때 나의 느낌

....

....

(3) 충족된 나의 욕구

....

....

(4) 감사하기

"나는 (   ) 욕구가 충족되어, (   )하고 감사합니다."

"나는 ○○○ 선생님(학생, 주변 사람, 가족 등)이 (   ) 때,
○○○의 미덕(아름다움)을 봅니다."

누군가에게 감사하기(NVC 공감 대화로 감사하기)

관찰

수업 장면들을 보다.

나의 느낌

미소가 지어지는, 발걸음을 멈추게 하는, 즐거운, 흥미 있는, 생동감이 생기는

나의 욕구

수업의 전문성, 준비성, 책임감, 성실성

감사하기

"선생님의 수업을 보고 안심이 되고 입가에 미소가 생겼답니다. 교실 수업 장면 속으로 같이 들어가고 싶은 마음이 일어나면서 즐거웠습니다. 수업 준비하신 수고에 감사드립니다."

"수업에서 학생을 배려하고 소통하는 모습, 학생들의 학습 조력자 역할을 적재적소에 하는 모습을 볼 때, 수업 전문성의 욕구가 충족되어 감사합니다."

"오늘 하루 어떤가요?"

[누군가에게 감사하기]

누구 :

(1) 내가 감사하고 싶은 그 사람의 말이나 행동(관찰)

(2) 그것을 생각할 때 나의 느낌

(3) 충족된 나의 욕구

(4) 감사하기

"나는 (   ) 욕구가 충족되어, (   )하고 감사합니다."

"나는 ○○○ 선생님(학생, 주변 사람, 가족 등)이 (   ) 때,
  ○○○의 미덕(아름다움)을 봅니다."

📖 누군가에게 감사하기(NVC 공감 대화로 감사하기)

관찰

출근을 하면 항상 한 대의 차가 먼저 주차되어 있다.

나의 느낌

호의적인, 든든한, 마음이 열리는

나의 욕구

책임감, 성실성, 신뢰, 믿음

상대 욕구

소속감, 책무성, 책임감, 근면성

감사하기

"부지런한 자의 마음은 풍족함을 얻느니라"라는 말이 있듯, 가장 먼저 출근하셔서 해야 할 일들을 찾아서 하시는 모습이 즐거워 보인다. 감사하다."

'책무성을 가지고 힘차게 일하는 모습에서 선생님의 아름다움을 봅니다.'

[누군가에게 감사하기]

누구 :

(1) 내가 감사하고 싶은 그 사람의 말이나 행동(관찰)

....

....

(2) 그것을 생각할 때 나의 느낌

....

....

(3) 충족된 나의 욕구

....

....

(4) 감사하기

"나는 (　　　　　) 욕구가 충족되어, (　　　　　　)하고 감사합니다."

"나는 ○○○ 선생님(학생, 주변 사람, 가족 등)이 (　　　　　　) 때,
　○○○의 미덕(아름다움)을 봅니다."

📖 누군가에게 감사하기(NVC 공감 대화로 감사하기)

관찰

새 책걸상, 새 사물함을 본다.

나의 느낌

새 책걸상, 사물함의 색, 디자인 등을 보니 만족스럽다. 이 일을 하느라 추진한, 그리고 예산을 집행한 부서에 감사하다.

나의 욕구

중요성, 효능감, 참여, 협력, 도움, 소속감

상대 욕구

중요성, 효능감, 참여, 협력, 도움, 소속감

감사하기

'물품 구매 팀에서 책걸상, 사물함을 구매할 수 있도록 추진할 수 있는 과정을 안내하고 이끌어 줄 때, 소속감과 지원의 욕구가 충족되어 감사하다.'

'업무 전체를 파악하고 추진하는 모습, 합리적인 선택을 하고 지원하는 모습에서 신생님과 업무 지원 팀의 아름다움을 봅니다.'

"오늘 하루 어떤가요?"

[누군가에게 감사하기]

누구 :

(1) 내가 감사하고 싶은 그 사람의 말이나 행동(관찰)

....

....

....

(2) 그것을 생각할 때 나의 느낌

....

....

....

(3) 충족된 나의 욕구

....

....

....

(4) 감사하기

"나는 (   ) 욕구가 충족되어, (   )하고 감사합니다."

"나는 ○○○ 선생님(학생, 주변 사람, 가족 등)이 (   ) 때,
○○○의 미덕(아름다움)을 봅니다."

누군가에게 감사하기(NVC 공감 대화로 감사하기)

관찰
감사장의 모습을 보다.

나의 느낌
깔끔하게 정리되고 분류가 된 모습을 보고 몸과 마음이 환해지면서 안심이 되다. 역시 전문가라는 생각이 들 정도의 정리된 모습을 보고 만족스럽고 힘이 솟는, 친근한 마음이 든다. 감사하다는 의미로 부서 팀장을 안아 주고 싶다.

나의 욕구
책무성, 도움, 협조, 중요성, 소속감, 상호성, 지원

상대 욕구
책무성, 도움, 협조, 중요성, 소속감, 상호성, 지원

감사하기
'감사 업무와 관련된 일을 하느라 지치고 있을 즈음 감사장을 꾸며야 한다는 의무감으로 문을 열고 보니, 흩어진 자료들이 정리가 되어 있다. 도움, 지원의 욕구가 충족되어 정리 정돈해 준 부서 팀원들과 팀장에게 감사한 마음이 물밀듯 밀려 온다. 협력의 힘을 보는데 아름다운 풍광을 보는 듯하다.'

"오늘 하루 어떤가요?"

[누군가에게 감사하기]

누구 :

(1) 내가 감사하고 싶은 그 사람의 말이나 행동(관찰)

....

....

(2) 그것을 생각할 때 나의 느낌

....

....

(3) 충족된 나의 욕구

....

....

(4) 감사하기

"나는 (   ) 욕구가 충족되어, (   )하고 감사합니다."

"나는 ○○○ 선생님(학생, 주변 사람, 가족 등)이 (   ) 때,
○○○의 미덕(아름다움)을 봅니다."

📖 누군가에게 감사하기(NVC 공감 대화로 감사하기)

관찰

학생 관련하여 ○○ 학생의 어머니가 학교 폭력으로 민원을 넣었나 봅니다. 요즘은 ○○ 학생이 큰 문제가 없으니 ○○ 학생 관련으로만 해결했음 합니다.

나의 느낌

마음이 가벼운, 여유가 생기는, 마음이 가라앉는, 차분한, 명확해진

나의 욕구

○○ 학생 보호, ○○ 학생 배움, 성장, 정서적 안전, 도움, 자율적인 선택

감사하기

'학부모의 행동과 말에 마음이 상하고 답답했어요. ○○ 학생이 바른 행동을 한 것은 아니나 배우고 성장하는 기회를 주고 싶었습니다. 선생님이 전해 주신 긍정적인 소식은 무엇을 어떻게 말하고 선택하고 설득해야 하는지를 알려주는 경보기 역할을 해 줍니다. 도움이 되어 감사합니다.'

(누군가에게 감사하기)

누구 :

(1) 내가 감사하고 싶은 그 사람의 말이나 행동(관찰)

....

....

....

(2) 그것을 생각할 때 나의 느낌

....

....

....

(3) 충족된 나의 욕구

....

....

....

(4) 감사하기

"나는 (   ) 욕구가 충족되어, (   )하고 감사합니다."

"나는 ○○○ 선생님(학생, 주변 사람, 가족 등)이 (   ) 때,
○○○의 미덕(아름다움)을 봅니다."

📑 누군가에게 감사하기(NVC 공감 대화로 감사하기)

관찰

심의 자료 지참하시고 회의 시작 1분 전까지 참석해 주시기 바랍니다.

나의 느낌

얼굴 근육이 풀어지면서 입가에 미소가 점점 퍼지는 기분 좋은, 마음이 가벼운, 하하 웃음이 나는, 마음이 열리는, 마음이 여유로워지는

나의 욕구

즐거움, 유머, 재치, 재미

감사하기

'○○실에 앉아 업무만 보니 웃을 일이 없어요. ○○선생님의 "1분 전까지 참석해 주시기 바랍니다."라는 글을 읽는데 웃음이 납니다. 선생님의 재치 있는 문장으로 즐거움의 욕구가 충족되어 감사합니다.'

"오늘 하루 어떤가요?"
[누군가에게 감사하기]

누구 :

(1) 내가 감사하고 싶은 그 사람의 말이나 행동(관찰)

....

....

(2) 그것을 생각할 때 나의 느낌

....

....

(3) 충족된 나의 욕구

....

....

(4) 감사하기

"나는 (   ) 욕구가 충족되어, (   )하고 감사합니다."

"나는 ○○○ 선생님(학생, 주변 사람, 가족 등)이 (   ) 때,
  ○○○의 미덕(아름다움)을 봅니다."

📖 누군가에게 감사하기(NVC 공감 대화로 감사하기)

관찰

선생님 말씀처럼 조바심 내지 않고 양파 껍질 벗기듯 한 올 한 올 이야기를 나누고 잘 마무리했습니다. 정말 감사드립니다. 편안한 주말 보내세요!

나의 느낌

고마운, ○○ 선생님이 나를 믿고 그대로 해 준 것에 감사하다

나의 욕구

나의 경험을 나눔, 공유, 지원

감사하기

'○○ 선생님께서 나의 경험을 믿고 학생과 마주 앉아 활동을 했다고 하는 피드백으로, 나눔의 욕구가 충족되어 감사합니다.'

"오늘 하루 어떤가요?"

[누군가에게 감사하기]

누구 :

(1) 내가 감사하고 싶은 그 사람의 말이나 행동(관찰)

----

(2) 그것을 생각할 때 나의 느낌

----

(3) 충족된 나의 욕구

----

(4) 감사하기

"나는 (   ) 욕구가 충족되어, (   )하고 감사합니다."

"나는 ○○○ 선생님(학생, 주변 사람, 가족 등)이 (   ) 때,
○○○의 미덕(아름다움)을 봅니다."

📖 누군가에게 감사하기(NVC 공감 대화로 감사하기)

관찰
"학생이 손 소독제를 교실 바닥에 계속 뿌리기에 하지 말라고 하니, 전체 학생들 있는데 담임한테 욕을 합니다."

나의 느낌
마음 쓰이는, ○○ 선생님의 힘듦에 공감이 되는, 염려가 되는, 혼란스러운

나의 욕구
상대의 마음을 잘 풀어 주고 싶은 마음, 도움 주고 싶은 마음, 정의

한 일
학부모께 교육자로 염려되는 부분, 함께하는 교육의 메시지를 들려주는 전화를 하다.

결과
학생의 아버지, 어머니 두 분이 담임께 전화로 사과를 하다.

감사하기
'교육직인 나의 메시지에 긍정적 반응을 보여 준 학부모와 담임 선생님의 밝은 목소리는 지원과 도움을 준 것 같아 만족스럽고 감사하다.'

"오늘 하루 어떤가요?"

[누군가에게 감사하기]

누구 :

(1) 내가 감사하고 싶은 그 사람의 말이나 행동(관찰)

....

....

....

(2) 그것을 생각할 때 나의 느낌

....

....

....

(3) 충족된 나의 욕구

....

....

....

(4) 감사하기

"나는 (   ) 욕구가 충족되어, (   )하고 감사합니다."

"나는 ○○○ 선생님(학생, 주변 사람, 가족 등)이 (   ) 때,
○○○의 미덕(아름다움)을 봅니다."

📖 누군가에게 감사하기(NVC 공감 대화로 감사하기)

관찰 1

부서 팀장이 회의 자료(금액, 단가, 총 책걸상 수 등등), 책걸상 및 사물함 배정표, 선정 평가표, 업체별 비교표를 가지고 차례대로 설명을 한다. 나는 수첩에 중요한 것들을 적으며 기록하고 질문한다. 앞으로 내가 할 일을 물어보니, 회의 소집하고 회의를 해서 의논하고 결정되어야 하는 사항 등을 알려 준다.

나의 느낌

감탄한, 유쾌한, 만족스러운, 일을 곧 할 수 있는 조력자를 만나 든든한, 일을 마무리할 수 있는 자료를 보고 만족스러운, 호의적인

관찰2

○○ 선정 위원회 회의(학부모 위원 포함)를 하고 필요한 서류를 작성 완료하다.

나의 느낌

부서 팀장이 95% 했고, 팀장의 전문적인 정보와 자료 덕분에 했다는 생각이 올라오면서 호의적인, 매혹된, 흐뭇한, 고마운, 신나는, 기쁜, 부서와 부서 팀장과 함께 일하는 것이 즐거운, 편안한

나의 욕구

신뢰, 연결, 공동체 업무를 같이 한다는 연결과 전문적인 정보로 신뢰 형성, 고마움, 지원, 지지, 협조, 도움, 친절한 안내, 조력

감사하기

'다른 부서와 함께 일하는 것이 즐겁고 신난다. 팀장의 정확한 정보와 상대가 일을 수월하게 할 수 있도록 안내하는 친절에서 ○○ 팀장의 공동체 연결의 아름다움을 본다.'

Memo

"오늘 하루 어떤가요?"

[누군가에게 감사하기]

누구 :

(1) 내가 감사하고 싶은 그 사람의 말이나 행동(관찰)

．．

．．

(2) 그것을 생각할 때 나의 느낌

．．

．．

(3) 충족된 나의 욕구

．．

．．

(4) 감사하기

"나는 (   ) 욕구가 충족되어, (   )하고 감사합니다."

"나는 ○○○ 선생님(학생, 주변 사람, 가족 등)이 (   ) 때,
○○○의 미덕(아름다움)을 봅니다."

📖 누군가에게 감사하기(NVC 공감 대화로 감사하기)

관찰

선생님께 감사 인사 말씀 전합니다.

우연한 기회에 친구 덕분에 인연이 되어… ○○실 들를 때 편안하게 대해 주시고 여러가지 배려 많이 해 주신 선생님 요즈음 코로나 시국에 관리자분들께서는 방역이나 여러가지 관리로 학교 근무가 더 힘드실 것 같습니다.

이럴 때일수록 건강 잘 챙기시고 올해도 원하시는 일들이 다 이루어지길 바랍니다. 감사합니다.

나의 느낌

예상하지 않은 감사의 편지여서 더 반가운, 호의적인, 상대가 어떤 일들을 했는지 알아주는 마음에 감사한, 친근한, 회복되는

나의 욕구

상호성, 공감, 감사

감사하기

'상대가 한 일을 알아주시고 고마운 마음을 주셔서 감사합니다.'

'시급한 상황이 발생될 때, 공동체의 어려움을 이해하시고, 곤란도 학년에 관계없이 도움 주셔서 감시합니다.'

'곤란도가 높은 학년을 부탁할 때, 마음이 쓰이고 염려가 되기도 하여 망설일 때, 기꺼이 상황을 수용해 주셔서 감사합니다.'

"오늘 하루 어떤가요?"
(누군가에게 감사하기)

누구 :

(1) 내가 감사하고 싶은 그 사람의 말이나 행동(관찰)

....

....

(2) 그것을 생각할 때 나의 느낌

....

....

(3) 충족된 나의 욕구

....

....

(4) 감사하기

"나는 (   ) 욕구가 충족되어, (   )하고 감사합니다."

"나는 ○○○ 선생님(학생, 주변 사람, 가족 등)이 (   ) 때,
  ○○○의 미덕(아름다움)을 봅니다."

📖 누군가에게 감사하기(NVC 공감 대화로 감사하기)

관찰 1

자율적으로 지원하는 업무가 아닌 영역이다. 적임자를 찾아 부탁을 해야 하는 상황이다.

나의 느낌

힘든, 마음이 무거운, 머리가 혼란스러운, 갈팡질팡하는, 무기력한, 질식하는, 답답한

관찰 2

상대가 부탁을 수락한다.

나의 느낌

안도하는, 고마운, 긴장이 된 몸이 완화되는, 머리가 가벼워지는, 공간과 공간 사이가 밝아지면서 웃음이 나는, 경쾌한 목소리로 의견을 주고받으며 조율하는 모습이 밝아 기운이 나게 하는, 몸과 마음이 가벼워지는

나의 욕구

공감, 능력, 확신, 신뢰, 성실성, 책무성, 상호성, 소통

감사하기

'○○○○ 학년도에 선호하지 않은 업무 영역을 수용하여 주셔서 공동체가 조화롭게 운영이 되어 감사하다.'

'○○, ○○ 선생님의 업무 파악 능력과 간단 명료한 업무 소통은 상호 존중의 아름다움을 봅니다.'

[누군가에게 감사하기]

누구 :

(1) 내가 감사하고 싶은 그 사람의 말이나 행동(관찰)

....

....

....

(2) 그것을 생각할 때 나의 느낌

....

....

....

(3) 충족된 나의 욕구

....

....

....

(4) 감사하기

"나는 (   ) 욕구가 충족되어, (   )하고 감사합니다."

"나는 ○○○ 선생님(학생, 주변 사람, 가족 등)이 (   ) 때,
○○○의 미덕(아름다움)을 봅니다."

📖 누군가에게 감사하기(NVC 공감 대화로 감사하기)

관찰

코로나 시국으로 시간 강사 구할 일이 자주 발생한다. 전 선생님께 도움을 청한다.

"선생님, 다음 주 시간 강사님을 찾았어요. 바로 연락처를 드려도 될까요?"

나의 느낌

고마운, 반가운, 안도하는, 긴장이 풀리는, 마음이 놓이는, 친근감이 생기는

나의 욕구

지원, 협조, 소속감, 공동체 이해

감사하기

'여러 선생님의 답변이 있었으나 연결되지 못해 마음이 분주하였습니다. 주말인데도 불구하고 여러 곳에 연락을 하고 마음을 써 주시고 도움 주셔서 감사합니다.

"오늘 하루 어떤가요?"
[누군가에게 감사하기]

누구 :

(1) 내가 감사하고 싶은 그 사람의 말이나 행동(관찰)

....

....

(2) 그것을 생각할 때 나의 느낌

....

....

(3) 충족된 나의 욕구

....

....

(4) 감사하기

"나는 (   ) 욕구가 충족되어, (   )하고 감사합니다."

"나는 ○○○ 선생님(학생, 주변 사람, 가족 등)이 (   ) 때,
○○○의 미덕(아름다움)을 봅니다."

누군가에게 감사하기(NVC 공감 대화로 감사하기)

관찰	"늘 좋은 말씀 감사해요. 많은 힘이 되있어요."
나의 느낌	안심이 되는, 위로가 된 것 같아 마음이 놓이는, 자연스럽고 평화로운 마음을 찾은 것 같아 고마운,
나의 욕구	공감, 상호성, 공동체 구성원의 정서적 안정, 편안함, 구성원 간의 연결

감사하기

'○○ 선생님이 일부러 나에게로 와서 감사의 말을 한다. 얼굴 표정도 밝다. 처음 만났을 때의 표정이 보인다. 안심이 된다. 진심으로 선생님을 공감하고 소통하려고 노력한 내 마음을 알아주어 감사하다.'

'○○ 선생님의 업무를 추진하는 속도가 빠르고, 문해력의 능력도 보여 든든하고 감사하다.'

"오늘 하루 어떤가요?"
[누군가에게 감사하기]

누구 :

(1) 내가 감사하고 싶은 그 사람의 말이나 행동(관찰)

....

....

....

(2) 그것을 생각할 때 나의 느낌

....

....

....

(3) 충족된 나의 욕구

....

....

....

(4) 감사하기

"나는 (   ) 욕구가 충족되어, (   )하고 감사합니다."

"나는 ○○○ 선생님(학생, 주변 사람, 가족 등)이 (   ) 때,
○○○의 미덕(아름다움)을 봅니다."

📖 누군가에게 감사하기(NVC 공감 대화로 감사하기)

관찰

"오늘 덥지요? 스타벅스가 근처에 있으면 사 오고 싶었는데,"

(후덥지근한 오늘, 냉커피를 주신다.)

나의 느낌

후덥지근하고 더운 날 나를 생각해서 커피를 들고 왔다는 생각에 마음이 열리는, 고마운, 온몸의 근육이 감성적으로 퍼지는, 그 순간의 장면이 명화처럼 아름다운, 감동한, 기운이 나는

나의 욕구

연결, 공감, 배려, 호감, 관심, 따뜻함, 가까움

감사하기

'날씨가 매우 후덥지근하다. 동료의 얼굴에 땀이 송글송글하다. 나를 위해 불편한 날씨를 감수하고 사 오신 그 마음이 고맙고 감사하다.'

'선생님의 생활 자체(친절함, 밝음, 즐거움, 겸손, 학생들을 사랑하는 목소리 등등)가 저에게는 아름답게 보였습니다. 선생님의 배려하는 마음에서 아름다움을 봅니다.'

"오늘 하루 어떤가요?"

[누군가에게 감사하기]

누구 :

(1) 내가 감사하고 싶은 그 사람의 말이나 행동(관찰)

....

....

....

(2) 그것을 생각할 때 나의 느낌

....

....

....

(3) 충족된 나의 욕구

....

....

....

(4) 감사하기

"나는 (　　　　　) 욕구가 충족되어, (　　　　　)하고 감사합니다."

"나는 ○○○ 선생님(학생, 주변 사람, 가족 등)이 (　　　　　　　) 때,
　○○○의 미덕(아름다움)을 봅니다."

📖 누군가에게 감사하기(NVC 공감 대화로 감사하기)

관찰

오늘 동료 선생님을 도와주시려는 선생님의 그 한마디에, 저희들 많이 고무되었습니다. 특히 저는 너무 감사했습니다. '동고동락'함이 느껴지지 않는 바쁘기 만한 요사이 교직 생활에서 동료 선생님의 위기에 정말 아무런 도움이 되지 못해… 선배로서 동료로서 마음만 아팠습니다. 너무 무척 마음 아팠습니다!

실제 도움이 되든 안 되든 그건 후차적이고, 오늘 선생님께서 충분히 공감하고 인식하고 계시다는 것만으로도 내내 한 줄기 빛줄기 같았습니다. 동료 선생님뿐만 아니라, 우리들 중 누군가에게도 다 일어날 수 있는 위기를 볼 때 진정 따뜻하고 진심으로 도우며, 그 상황을 바라보고 성의를 가지는 것이 당연하다고 배우고, 또, 그리 살려고 노력하고 여태 살아왔습니다.

오늘 선생님께서 직원 한 사람의 일에 쓰시는 반듯하고 따뜻한 말씀에 진심으로 감사했습니다. 아니, 너무 감사했습니다. 동료 선생님의 빈자리가 크지 않도록… 수, 목, 금 부탁하실 일 있으시면 언제라도 연락주십시오. 최선을 다하겠습니다.

나의 느낌

생각지도 않은 선물 같은 글을 보고 감동하고 놀란, 내가 하는 행동을 누군가 이해하고 있어서 가슴이 뭉클한, 자기 이익을 얻기 위해 동료를 이용하는 샘을 보다가 안개 속 전등불을 보듯 외로움이 사라지고 밝고 환한 희망이 보이는, '올바른 것을 당당하게 해도 되겠다' 하는 힘이 솟는, 눈가에 슬픈 기운이 돌면서도 반가운, 정의로운 일이 바로 이행되지 않아 화가 나 있던 터에 온몸의 긴장이 풀리며 두 다리를 쭉 뻗어 보는

나의 욕구

공동체 구성원 공감, 상호 조력, 상호 지지, 존재감, 공동체와 함께하는 아름다움

한 일

동료를 보호할 수 있도록 지원 요청

감사하기

"의도한 것은 아니나 한 포인트를 놓친 동료로 인해 다른 동료가 고통을 받고 있다. 지원과 도움을 주려고 해도 마무리를 할 수 있는 결정적인 도움을 주기는 역부족이다. 옳은 일이 무너지는 것 같아 무기력하고 절망적인 어두운 터널을 헤맬 때, 장문의 글을 받았다. 예고 없이 찾아 온 아름다운 선물이 마음의 문 앞에 놓인 것 같다. '잘하고 있다'고 등 두드려 주는 장문의 글 선물을 주신 동료 선생님께 감사하다."

Memo

"오늘 하루 어떤가요?"
[누군가에게 감사하기]

누구 :

(1) 내가 감사하고 싶은 그 사람의 말이나 행동(관찰)

....

....

....

(2) 그것을 생각할 때 나의 느낌

....

....

....

(3) 충족된 나의 욕구

....

....

....

(4) 감사하기

"나는 (   ) 욕구가 충족되어, (   )하고 감사합니다."

"나는 ○○○ 선생님(학생, 주변 사람, 가족 등)이 (   ) 때,
○○○의 미덕(아름다움)을 봅니다."

📖 누군가에게 감사하기(NVC 공감 대화로 감사하기)

관찰

"큰일 앞에서 조용히 일을 추진하고 도와주셔서 감사합니다."

나의 생각

업무자도 예측하지 못한 일들이 일어나 놀라고 초조할 것이다.

나의 느낌

감사의 말은 들었지만 일이 마무리가 되지 않아 신경이 쓰이는, 안타까운, 상대가 수고하는 것을 알아주니 한편으로는 다행스러운, 마음이 조금은 내려가는

나의 욕구

인정, 공동체 구성원과의 상호 연결, 상대의 업무 능력, 업무자의 책임감, 도움, 지원

감사하기

'업무자도 혼란스럽고 절망적이기도 하고 두렵기도 할 것이다. 의도는 아니라 할지라도 업무자 자신이 한 행동으로 누군가가 곤란한 상황이 되어 있다는 것은 자신도 받아들이기 힘든 상황일 것이다. 자신이 충분히 공감받아야 상대의 수고도 보인다고 한다. 동료의 수고를 알아주어 마음이 조금 내려가면서 인정받은 것 같아 감사하다.'

"오늘 하루 어떤가요?"
[누군가에게 감사하기]

누구 :

(1) 내가 감사하고 싶은 그 사람의 말이나 행동(관찰)

....

....

(2) 그것을 생각할 때 나의 느낌

....

....

(3) 충족된 나의 욕구

....

....

(4) 감사하기

"나는 (   ) 욕구가 충족되어, (   )하고 감사합니다."

"나는 ○○○ 선생님(학생, 주변 사람, 가족 등)이 (   ) 때,

○○○의 미덕(아름다움)을 봅니다."

📑 누군가에게 감사하기(NVC 공감 대화로 감사하기)

관찰 1

"학생 동아리 활동, 한 시간을 더 할 수 있을까요?"

니의 느낌

업무 배정이 끝난 상황에서 또 다른 업무를 부탁하려니 마음이 힘들고 지친다. 부탁의 말을 꺼내려니 많이 망설여진다. 고민을 하고 또 고민을 한다. 거절에 대한 대비까지 해야하는 부담과 긴장이 된다.

관찰 2

○○ 선생님이 "예, 하겠습니다."라고 한다.

나의 느낌

감사한, 마음이 차분한, 여유가 생기는, 호의적인, 친근한

나의 욕구

교육 활동에 대한 이해와 수용, 공동체 배려

감사하기

'전년에도 곤란도가 높고 업무의 양이 많은, 힘든 업무를 맡아 주셔서 마음이 쓰였습니다. 적임자를 찾다가 업무와 연계성이 있을 것 같아 부탁합니다. 부탁의 말을 듣고 딱 자르지 않고 관련된 내용으로 소통하면서 할 수 있는 방향으로 탐색하는 ○○ 선생님의 수용하는 태도와 공동체를 배려하는 마음에 감사드립니다.'

Memo

"오늘 하루 어떤가요?"
[누군가에게 감사하기]

누구 :

(1) 내가 감사하고 싶은 그 사람의 말이나 행동(관찰)

....

....

....

(2) 그것을 생각할 때 나의 느낌

....

....

....

(3) 충족된 나의 욕구

....

....

....

(4) 감사하기

"나는 (   ) 욕구가 충족되어, (   )하고 감사합니다."

"나는 ○○○ 선생님(학생, 주변 사람, 가족 등)이 (   ) 때,
○○○의 미덕(아름다움)을 봅니다."

📖 누군가에게 감사하기(NVC 공감 대화로 감사하기)

관찰
"업무만 하면 안 될까요?"

나의 느낌
긴장되는, 조마조마한, 마음이 걸리는, 부담이 되는, 신경이 쓰이는, 마음이 확장되는

나의 욕구
수용, 공동체 배려, 업무의 명료화, 업무의 곤란도 인정

감사하기
학폭 담당 업무는 자율적으로 희망하는 업무는 아니다. 다른 업무와는 달리 학부모, 학생을 대상으로 하는 업무인지라 부담스러워들 한다. 부서 팀장은 하지 않고 업무만 하겠다고 할 때 "이 업무는 한 건이 발생하면 가만히 앉아서 계획만 세워 추진하는 업무가 아니라 학부모, 학생을 직접 만나 하는 업무인지라 써야 하는 에너지가 배가 됩니다. 간혹 학부모의 부정적인 행동을 감수해야 하는 경우도 있습니다."
부장을 끝까지 하지 않겠다고 하지 않고, 상대의 이야기에 귀 기울이고 수락하신다. 감사하다.

"오늘 하루 어떤가요?"
[누군가에게 감사하기]

누구 :

(1) 내가 감사하고 싶은 그 사람의 말이나 행동(관찰)

....

....

(2) 그것을 생각할 때 나의 느낌

....

....

(3) 충족된 나의 욕구

....

....

(4) 감사하기

"나는 (   ) 욕구가 충족되어, (   )하고 감사합니다."

"나는 ○○○ 선생님(학생, 주변 사람, 가족 등)이 (   ) 때,
   ○○○의 미덕(아름다움)을 봅니다."

📓 누군가에게 감사하기(NVC 공감 대화로 감사하기)

관찰
'힘들다'는 말을 하지 않고 업무를 한다.

나의 느낌
힘든 업무인데도 말하지 않고 찾아서 일을 하는 모습이 든든하고 고마운, 업무 내용을 알아듣기 쉽게 하는 설명에 호의적인,

나의 욕구
중요성, 능력, 발견, 책임감, 성실성, 명료성, 전문성

감사하기
'힘들다 하지 않고, 상대가 잘 모를 것 같은 정보가 있을 때는 자기의 경험을 바탕으로 안내하는 모습, 친절한 모습에서 선생님의 아름다움을 봅니다. 자기의 업무에 책임감이 있고, 공동체 구성 간의 예절로 팀을 잘 이끌어 주셔서 감사합니다.'

[누군가에게 감사하기]

누구 :

(1) 내가 감사하고 싶은 그 사람의 말이나 행동(관찰)

....

....

....

(2) 그것을 생각할 때 나의 느낌

....

....

....

(3) 충족된 나의 욕구

....

....

....

(4) 감사하기

"나는 (　　　　　) 욕구가 충족되어, (　　　　　)하고 감사합니다."

"나는 ○○○ 선생님(학생, 주변 사람, 가족 등)이 (　　　　　　) 때,
　○○○의 미덕(아름다움)을 봅니다."

📖 누군가에게 감사하기(NVC 공감 대화로 감사하기)

관찰

학생들을 인솔하여 데려다주는 모습을 복도에서 본다.

나의 느낌

찾아서 일을 하는 모습이 든든하고 고마운, 만족스러운, 안심이 되는

나의 욕구

학생들의 안전, 도움, 지원, 신뢰, 상호 연결, 상호 협조

감사하기

'○○ 선생님의 수업 열정, 업무 관련 책무성, 자율적으로 하는 모습에 감탄을 하기도 한다. 학습 공간 이동이 있을 때 동행 인솔하는 모습이 아름답다. 감사하다.'

"오늘 하루 어떤가요?"

[누군가에게 감사하기]

누구 :

(1) 내가 감사하고 싶은 그 사람의 말이나 행동(관찰)

(2) 그것을 생각할 때 나의 느낌

(3) 충족된 나의 욕구

(4) 감사하기

"나는 (   ) 욕구가 충족되어, (   )하고 감사합니다."

"나는 ○○○ 선생님(학생, 주변 사람, 가족 등)이 (   ) 때,
○○○의 미덕(아름다움)을 봅니다."

📖 누군가에게 감사하기(NVC 공감 대화로 감사하기)

관찰

"복무에 병가가 없는데 시간 강사님이 오셨어요."

'아차, 어제 병가 복무 나한테 올려 달라고 했는데.'

"어제 학폭 때문에 완전 잊었습니다."

"제가 ○○ 선생님께 전화해서 하겠습니다."

나의 느낌

고마운, 든든한, 만족스러운, 안심이 되는, 안도가 되는, 진정되는, 의지가 되는

나의 욕구

중요성, 도움, 지원, 조화, 공감, 배려, 명료성, 관심, 신뢰, 믿음, 성실성

감사하기

'세밀하게 공동체 전체 이미지에 관심을 갖고 업무를 추진하는 모습이 든든하고 감사하다.'

'일의 업무가 조화롭지 못할 때 어떤 일에 틈이 생겼는지 찾아서 도움 주시는 배려에 ○○ 선생님의 아름다움을 봅니다.'

"오늘 하루 어떤가요?"
[누군가에게 감사하기]

누구 :

(1) 내가 감사하고 싶은 그 사람의 말이나 행동(관찰)

....

....

....

(2) 그것을 생각할 때 나의 느낌

....

....

....

(3) 충족된 나의 욕구

....

....

....

(4) 감사하기

"나는 (　　　　　　) 욕구가 충족되어, (　　　　　　)하고 감사합니다."

"나는 ○○○ 선생님(학생, 주변 사람, 가족 등)이 (　　　　　　　　) 때,
○○○의 미덕(아름다움)을 봅니다."

누군가에게 감사하기(NVC 공감 대화로 감사하기)

관찰

코로나19로 인한 선생님 병결로 보결 수업 배당으로 어려움을 겪고 있는데, "저를 넣어도 됩니다."라는 말을 들을 때

나의 느낌

고민이 해결되어 반가운, 고마운, 마음의 여유를 갖는, 분주한 마음이 사라지고 생기가 나는, 마음이 따뜻한, 안도하는

나의 욕구

협조, 지원, 공동체 연결

감사하기

'코로나19로 인한 선생님 병결로 '보결 수업 배당' 어려움을 겪고 있을 때, ○○ 선생님의 지원의 말은 반갑고, 문제가 해결이 되도록 해 주어 감사하다.'

'○○ 선생님은 본인이 할 수 있는 시간과 범위 안에서 공동체의 빈 곳을 지원해 주려고 하신다.'

'○○ 선생님이 공동체 기여하려는 마음이 아름답다.'

"오늘 하루 어떤가요?"
[누군가에게 감사하기]

누구 :

(1) 내가 감사하고 싶은 그 사람의 말이나 행동(관찰)

....

....

(2) 그것을 생각할 때 나의 느낌

....

....

(3) 충족된 나의 욕구

....

....

(4) 감사하기

"나는 (   ) 욕구가 충족되어, (   )하고 감사합니다."

"나는 ○○○ 선생님(학생, 주변 사람, 가족 등)이 (   ) 때,
○○○의 미덕(아름다움)을 봅니다."

📖 누군가에게 감사하기(NVC 공감 대화로 감사하기)

관찰

"선생님, 연수 챙겨 보세요. ○○ 선생님이 길 수 있는 연수가 있어요, 빨리 챙겨서 가세요."

나의 느낌

'업무만 하고 여행은 개인적인 시간 여유가 있을 때 가야지' 하는 생각으로 있다가 동료 선생님의 정보는 마음을 움직인다. 동료 선생님의 정보에 열중한, 갈 수 있는 연수를 찾았을 때 즐겁고 기대에 부푼, 훈훈한, 설레는, 생기가 도는

나의 욕구

혼자만의 시간, 친밀한 관계, 회복

감사하기

'연수 관련된 정보로 힐링할 수 있는 시간, 전문성 향상을 위한 연수를 받을 수 있는 시간, 보고 싶은 동료를 만날 수 있는 시간을 갖게 해 준 동료 선생님께 감사하다.'

'동료 선생님이 자신이 알고 있는 정보로 도움을 줄 때, 공유의 아름다움(미더)을 봅니다.'

"오늘 하루 어떤가요?"
[누군가에게 감사하기]

누구 :

(1) 내가 감사하고 싶은 그 사람의 말이나 행동(관찰)

....

....

(2) 그것을 생각할 때 나의 느낌

....

....

(3) 충족된 나의 욕구

....

....

(4) 감사하기

"나는 (   ) 욕구가 충족되어, (   )하고 감사합니다."

"나는 ○○○ 선생님(학생, 주변 사람, 가족 등)이 (   ) 때,
○○○의 미덕(아름다움)을 봅니다."

📑 누군가에게 감사하기(NVC 공감 대화로 감사하기)

관찰 1

○○ 선생님께 방송 업무에 대한 이야기를 하다.

나의 느낌

마음이 머뭇거려지는, 혼란스러운, 마음이 쓰이는, 힘든, 불안한

관찰 2

○○ 선생님께서 방송 업무를 수락하신다.

나의 느낌

고마운, 반가운, 마음이 열리는, 호의적인

관찰 3

업무를 바르게 이해하려고 학생들과 협의하면서 분주한 모습을 보인다.

나의 느낌

고마운, 자랑스러운, 힘이 나는, 즐거운, 안정되는, 믿음이 생기는, 홀가분한

나의 욕구

상호 신뢰, 책무성, 상호 배려

감사하기

'희망자가 없는 업무, 개인적으로는 한 번도 해 보지 않은 업무를 맡으면 많은 생각들이 올라올 수 있는데 말없이 수락을 하신다. 그동안의 염려가 사라지면서 고맙고 당황스러울 정도로 감사하다.'

'방송부원 학생들의 의견을 수렴하고 지원하고 조력하는 모습에서 선생님의 아름다움을 봅니다.'

Memo

"오늘 하루 어떤가요?"
[누군가에게 감사하기]

누구 :

(1) 내가 감사하고 싶은 그 사람의 말이나 행동(관찰)

....

....

(2) 그것을 생각할 때 나의 느낌

....

....

(3) 충족된 나의 욕구

....

....

(4) 감사하기

"나는 (   ) 욕구가 충족되어, (   )하고 감사합니다."

"나는 ○○○ 선생님(학생, 주변 사람, 가족 등)이 (   ) 때,
○○○의 미덕(아름다움)을 봅니다."

📖 누군가에게 감사하기(NVC 공감 대화로 감사하기)

관찰

검토에서 변경 내용 추적이 체크되어 있어, 문서에 작성하는 것이 빨간색으로 표시되었습니다. 수정해 놓았습니다.

나의 느낌

어제부터 문시 작업을 하는데 문서 작성이 잘 되지 않는다. 원인을 몰라 답답해하고 있던 문제를 설명과 함께 알려 주시는 ○○ 선생님 덕분으로 작업을 계속할 수 있어 고마운, 명확해진, 마음이 열리는, 기운이 나는, 안심이 되고 만족스러운

나의 욕구

지원, 협조, 도움

감사하기

'지원, 도움의 욕구가 충족되어 고맙고 감사합니다.'

'공동체에서 도움을 받을 수 있다는 것은 축복입니다.'

'공동체에서 도움을 받으려면 도움을 주는 사람의 소중한 시간을 빌려야 합니다 선생님의 소중한 시간을 주셔서 감사합니다.'

[누군가에게 감사하기]

누구 :

(1) 내가 감사하고 싶은 그 사람의 말이나 행동(관찰)

....

....

....

(2) 그것을 생각할 때 나의 느낌

....

....

....

(3) 충족된 나의 욕구

....

....

....

(4) 감사하기

"나는 (   ) 욕구가 충족되어, (   )하고 감사합니다."

"나는 ○○○ 선생님(학생, 주변 사람, 가족 등)이 (   ) 때,
  ○○○의 미덕(아름다움)을 봅니다."

📖 누군가에게 감사하기(NVC 공감 대화로 감사하기)

관찰

급식 메뉴 중 국수가 나왔다. 먹어 보니 입 안에서 달콤한 느낌이 돈다. 어느 때보다도 국수 고명이 입 안에서 아삭아삭거린다.

나의 느낌

씹는 소리가 유난히 크게 들리면서 온몸의 세포를 하나하나 깨어나게 하는 상큼한, 미소가 지어지는

나의 욕구

즐거움, 음식

감사하기

'맛있는 음식을 먹는 재미의 욕구가 충족되어 마음이 즐겁습니다.'

[누군가에게 감사하기]

누구 :

(1) 내가 감사하고 싶은 그 사람의 말이나 행동(관찰)

....

....

....

(2) 그것을 생각할 때 나의 느낌

....

....

....

(3) 충족된 나의 욕구

....

....

....

(4) 감사하기

"나는 (   ) 욕구가 충족되어, (   )하고 감사합니다."

"나는 ○○○ 선생님(학생, 주변 사람, 가족 등)이 (   ) 때,
○○○의 미덕(아름다움)을 봅니다."

📖 누군가에게 감사하기(NVC 공감 대화로 감사하기)

관찰 1
화상 줌 수업을 듣고 있는데, 음 소거 하라고 알려 준다.

나의 느낌
깜짝 놀란, 걱정이 되는

관찰 2
아무 소리도 안 들렸습니다. 혹시나 해서 미리 연락드렸습니다. 다른 학부모들에게도 계속 보내고 있습니다.

나의 느낌
안심이 되는, 편안한, 마음이 놓이는

나의 욕구
정서적 안정, 편안함, 자기 보호, 확신

감사하기
'음 소거를 했는지 안 했는지도 모르는 상황에서 음 소거 하라는 메신저를 확인한 순간, 혹시라도 하는 마음에 안절부절못하다. 아무 소리도 들리지 않았다고 알려 줄 때 마음이 훅 내려간다. 미리 알려 주어 실수를 막아 준 배려에 감사하다.'

"오늘 하루 어떤가요?"
[누군가에게 감사하기]

누구 :

(1) 내가 감사하고 싶은 그 사람의 말이나 행동(관찰)

....

....

(2) 그것을 생각할 때 나의 느낌

....

....

(3) 충족된 나의 욕구

....

....

(4) 감사하기

"나는 (   ) 욕구가 충족되어, (   )하고 감사합니다."

"나는 ○○○ 선생님(학생, 주변 사람, 가족 등)이 (   ) 때,
　○○○의 미덕(아름다움)을 봅니다."

📖 누군가에게 감사하기(NVC 공감 대화로 감사하기)

관찰

○○ 선생님께서 손수 짠 빨간 딸기, 노란 바나나 수세미를 주신다.

나의 느낌

색깔이 예쁘게 반짝거리는 것을 볼 때 마음이 어린아이처럼 밝아진다. 선생님의 마음이 사랑스러운, 호기심이 생기는, 즐거운, 아침 출근 시간에 챙겨서 오느라 분주했을 마음을 생각하니 감사한, 마음이 가벼운, 정다운

나의 욕구

친밀한 연결, 감사, 즐거움, 배려, 인생 예찬, 따뜻함

감사하기

'생각지도 않은 선생님의 소박한 선물은 선물이 주는 이미지(반짝거리고 가볍고 선명한 색깔, 봄의 꽃처럼 화사한 빛깔)가 아침을 여는 시작을 즐겁게 한다. 오늘 하루가 즐거울 것 같은 예감으로 마음이 따뜻해지면서 감사하다.'

"오늘 하루 어떤가요?"
[누군가에게 감사하기]

누구 :

(1) 내가 감사하고 싶은 그 사람의 말이나 행동(관찰)

....

....

....

(2) 그것을 생각할 때 나의 느낌

....

....

....

(3) 충족된 나의 욕구

....

....

....

(4) 감사하기

"나는 (   ) 욕구가 충족되어, (   )하고 감사합니다."

"나는 ○○○ 선생님(학생, 주변 사람, 가족 등)이 (   ) 때,
   ○○○의 미덕(아름다움)을 봅니다."

📖 누군가에게 감사하기(NVC 공감 대화로 감사하기)

관찰

운동장의 태극기가 깨끗하다.

나의 느낌

태극기를 소중하게 다루고 얼룩이 지거나 더러울 때 씻어서 다시 갈아 주신 분께 감사한, 감탄한, 믿음이 생기는, 친근감이 생기는, 자랑스러운

나의 욕구

자율성, 중요성, 자유로운 선택, 책임감, 신뢰, 믿음

감사하기

'태극기를 본다. 깨끗하다. J 선생님께서 수시로 챙겨 주신다는 말을 들을 때 감탄하는 소리가 마음에서 들린다. 태극기가 소중하다는 것, 중요성을 아시고 자유롭게 선택하신 일이 자랑스럽고 감사하다.'

"오늘 하루 어떤가요?"

[누군가에게 감사하기]

누구 :

(1) 내가 감사하고 싶은 그 사람의 말이나 행동(관찰)

....

....

....

(2) 그것을 생각할 때 나의 느낌

....

....

....

(3) 충족된 나의 욕구

....

....

....

(4) 감사하기

"나는 (　　　　　　) 욕구가 충족되어, (　　　　　　)하고 감사합니다."

"나는 ○○○ 선생님(학생, 주변 사람, 가족 등)이 (　　　　　　) 때,
○○○의 미덕(아름다움)을 봅니다."

📖 누군가에게 감사하기(NVC 공감 대화로 감사하기)

관찰

제가 힘든 이야기만 해서 죄송해요. 들어 주신다고 얼마나 힘드셨겠어요?

나의 느낌

예상하지 못한 말에 깜짝 놀란, 반가운, 영감을 받은, 충만감이 드는

나의 욕구

인내, 회복, 깨달음, 발전, 성장, 상호성, 희망

감사하기

'하고 싶은 말이 있을 때 저를 선택해 주셔서 반갑기도 하다. ○○ 선생님이 이야기할 때마다 쉽게 경청이 되어 말 속의 중요한 내용이 빠르게 파악되는 경험을 하기도 한다. ○○ 선생님의 이야기를 들으면서 명확성의 욕구가 충족이 되어 나의 성장을 돕기도 한다. 이야기를 들어 주는 것이 힘들었을거라는 말에 반갑기도 하고 축하하는 마음이 생기기도 한다. 함께 이야기하면서 같이 성장하기도 했다는 것을 전하고 싶다. 감사합니다.'

"오늘 하루 어떤가요?"

[누군가에게 감사하기]

누구 :

(1) 내가 감사하고 싶은 그 사람의 말이나 행동(관찰)

....

....

(2) 그것을 생각할 때 나의 느낌

....

....

(3) 충족된 나의 욕구

....

....

(4) 감사하기

"나는 (   ) 욕구가 충족되어, (   )하고 감사합니다."

"나는 ○○○ 선생님(학생, 주변 사람, 가족 등)이 (   ) 때,
○○○의 미덕(아름다움)을 봅니다."

📖 누군가에게 감사하기(NVC 공감 대화로 감사하기)

관찰 1

"○○ 선생님이 멘탈이 약해서 그래요."

나의 느낌

갑갑한, 답답한, 낙담한, 실망한, 미심쩍은

나의 욕구

인내, 회복, 깨달음, 발전, 성장, 상호성, 희망

관찰 2

○○ 선생님이 "그건 아닙니다."

나의 느낌

안도하는, 안심하는, 밝은, 평화로운, 흡족한, 생기가 나는

나의 욕구

인정, 합리성, 소통, 솔직함, 공감, 확신, 위안, 연결, 위로

감사하기

"'○○ 선생님이 멘탈이 약하다.'라는 말을 할 때 합리성, 인정의 욕구가 충족되지 않아 갑갑하고 실망스러웠다. 그 상황에서 ○○ 선생님이 NO라고 할 때 인정, 합리성의 욕구가 충족이 되어 안심이 되고 생기가 돌았다. 그 순간 위로가 되어 준 ○○ 선생님께 감사하다.'

Memo

"오늘 하루 어떤가요?"

[누군가에게 감사하기]

누구 :

(1) 내가 감사하고 싶은 그 사람의 말이나 행동(관찰)

....

....

....

(2) 그것을 생각할 때 나의 느낌

....

....

....

(3) 충족된 나의 욕구

....

....

....

(4) 감사하기

"나는 (   ) 욕구가 충족되어, (   )하고 감사합니다."

"나는 ○○○ 선생님(학생, 주변 사람, 가족 등)이 (   ) 때,
○○○의 미덕(아름다움)을 봅니다."

📖 누군가에게 감사하기(NVC 공감 대화로 감사하기)

관찰

○학년 교수 학습안을 보고

나의 느낌

반가운, 기쁜, 애정이 생기는, 믿음이 생기는, 호기심이 생기는, 고마운

나의 욕구

성실성, 책임감, 믿음, 신뢰, 전문성, 친밀한 관계, 소통. 관심, 인정, 연결

감사하기

'○학년 교수 학습안을 볼 때는 전문성의 욕구가 충족되어 고맙고 믿음이 생긴다. 수업 지도안 안에 선생님들의 고민과 학생들을 배려한 흔적이 보이기 때문에 감사하고 아름답다.'

[누군가에게 감사하기]

누구 :

(1) 내가 감사하고 싶은 그 사람의 말이나 행동(관찰)

....

....

(2) 그것을 생각할 때 나의 느낌

....

....

(3) 충족된 나의 욕구

....

....

(4) 감사하기

"나는 (   ) 욕구가 충족되어, (   )하고 감사합니다."

"나는 ○○○ 선생님(학생, 주변 사람, 가족 등)이 (   ) 때,
○○○의 미덕(아름다움)을 봅니다."

📖 누군가에게 감사하기(NVC 공감 대화로 감사하기)

관찰

체험 활동 모습을 본다

나의 느낌

안심이 되는, 고마운, 감사한, 마음이 열리는, 마음이 넓어지는

나의 욕구

학생들의 안전, 학생들의 즐거움, 편안함, 참여, 신뢰

감사하기

"체험 활동 하기 전 계획을 세우고, 사전 답사 후 다시 계획을 수정하고, 가정 통신문 발송으로 학부모의 의견을 모으는 과정을 통해 계획을 수정하고 보완하는 모습, 사전 활동, 사후 활동 계획 추진을 볼 때, ○ ○ 선생님의 아름다움을 봅니다. 학생들의 안전한 체험 활동을 위해 책임감, 성실성, 학생들의 안전을 생각하는 책무성으로 수고하시는 ○ ○ 선생님, 감사합니다."

[누군가에게 감사하기]

누구 :

(1) 내가 감사하고 싶은 그 사람의 말이나 행동(관찰)

....

....

....

(2) 그것을 생각할 때 나의 느낌

....

....

....

(3) 충족된 나의 욕구

....

....

....

(4) 감사하기

"나는 (   ) 욕구가 충족되어, (   )하고 감사합니다."

"나는 ○○○ 선생님(학생, 주변 사람, 가족 등)이 (   ) 때,
○○○의 미덕(아름다움)을 봅니다."

📖 누군가에게 감사하기(NVC 공감 대화로 감사하기)

관찰

"제가 (방학) ○월 ○일 하루 근무하겠습니다."라고 선뜻 나서서 먼저 의견을 낸다.

나의 느낌

안심이 되는, 긴장이 풀리는, 마음이 편안한, 마음이 넓어지는

나의 욕구

협조, 지원, 상황 이해, 배려

감사하기

지원의 욕구가 충족되어 마음이 열리고 감사합니다.

"오늘 하루 어떤가요?"
(누군가에게 감사하기)

누구 :

(1) 내가 감사하고 싶은 그 사람의 말이나 행동(관찰)

(2) 그것을 생각할 때 나의 느낌

(3) 충족된 나의 욕구

(4) 감사하기

"나는 (   ) 욕구가 충족되어, (   )하고 감사합니다."

"나는 ○○○ 선생님(학생, 주변 사람, 가족 등)이 (   ) 때,
○○○의 미덕(아름다움)을 봅니다."

Memo

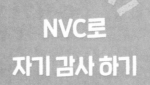

NVC로
자기 감사 하기

'다른 사람의 느낌과 욕구에 귀를 기울이는 것만으로
우리는 많은 것을 말할 수 있다.'

- 『비폭력 대화』 중에서 -

(1) 내 자신의 어떤 면을 감사하는가?

직장에서 업무적인 일이나 관련 일에 대한 판단을 할 때는 다양하게 생각해 보고 올바른 것이라고 판단되면 움직인다. 혼돈이 오거나 결정 장애가 오면 동료의 자문을 구하거나 침묵하면서 천천히 움직인다.

확신이 생겨야 'NO', 'YES' 한다. 새로운 장소로 이동할 때는 조심한다. 직업적인 일이 아닌 경우에는 단순하게 생각하고 판단한다. 수동적일 때가 있다.

몰라서 잘못 판단해 타인에게 나쁜 일을 겪게 하게 될까 봐 배우려 하고 자신의 역할에서 어떤 일들을 해야 하는지 늘 생각하는 면이 있다.

교사의 역할 중에 회복적 생활 교육, 공감적 소통 등 새로운 비전이 제시될 때 그 의미를 제대로 알 때까지 끈기 있는 열정을 갖고 있다는 것을 늦게 알게 된 것도 소중한 선물, 나에게 이런 끈기가 있는 줄 몰랐다.

(2) 위의 성향이나 기질이 나의 어떤 구체적인 행동이나 말로 나타
    나는가?

친밀한 관계를 유지한 사람이든, 공동체 구성원이 힘이 있는 또는 그렇
지 않든 상대가 올바르지 못한 판단을 하면 화가 난다. 시간이 흘러도
가끔 화가 난다. 가슴이 답답하다.

처음에는 상대의 입장에서 상대가 어떤 생각이 올라와 그러는지 알아
차리려고 노력한다.

'그럴 수도 있다'고 생각하거나 말한다.

며칠을 기다려도 상대가 자기 행동에 대한 책임을 지지 않는 행동(자기
방어적인 변명 또는 사과)을 보이면 대화를 하거나 상대의 행동에 대한 나
의 느낌과 욕구를 말한다. 상대가 알아차리지 못하면 들어도 괜찮을 사
람에게 간헐적으로 말을 해 준다. 또는 상담사를 찾아가 필터 없이 말
을 한다.

상대의 말에 계속 화가 나면 명상이나 NVC 대화 중 비폭력적인 방법으
로 분노를 표현한다.

(3) 위의 행동으로 나의 어떤 욕구가 충족이 되는가?

알아차림, 바름, 명료성, 책임감, 자유로운 자기표현, 자율성, 지속성, 인내, 겸허, 자기 돌봄, 정서적 안정, 성실성, 책무성

(4) 내 자신의 이런 면을 생각할 때 지금 어떤 느낌이 드는가?

답답하기도 하고, 안타깝기도 하고, 만족스럽기도 하다.
삶의 상황에 따라 도움이 되기도 한다. (만족스러운) 합리적인 선택을 할 수 있는데도 그렇지 않을 경우는 분노가 가시지 않고 계속 올라온다. (안타까운, 이런 나의 면에 돌아 버릴 것 같은, 마음 평화를 위해 노력하고 인내해야 하는 힘든) 당당한, 기운이 나는, 살아 있는, 마음이 열리는, 마음이 넓어지는, 용기를 얻는, 참을 수 없는

Memo

📖 NVC로 자기 감사 하기 활동

(1) 내 자신의 어떤 면을 감사하는가?

_____

_____

_____

(2) 위의 성향이나 기질이 나의 어떤 구체적인 행동이나 말로 나타
나는가?

_____

_____

_____

(3) 위의 행동으로 나의 어떤 욕구가 충족이 되는가?

_____

_____

_____

(4) 내 자신의 이런 면을 생각할 때 지금 어떤 느낌이 드는가?

_____

_____

_____

판단의 말 생각 대화	어떻게 손님한테 다 식은 수프를 줄 수 있나요? (상대를 지적하듯 말을 함.)
나의 느낌	당연한 일을 하지 않아 짜증 나는, 불쾌한, 화가 나는
상대 느낌	마음이 상하는, 불쾌한, 얼굴이 화끈거리고 수치스러운, 민망한, 마음이 조마조마한
나의 욕구	책임감, 배려, 존중
상대 욕구	배려, 존중
NVC공감 (관찰)	"수프가 식었어요. 데워 줄 수 있나요?"
나의 느낌	만족스러운, 편안한, 나에게 뿌듯한
상대 느낌	따뜻한, 편안한, 신나는, 힘나는
나의 욕구	배려, 존중
상대 욕구	배려, 존중
자기 감사	지적을 하거나 판단하지 않고 내 생각과 마음을 관찰하고 대화를 한 나에게 감사하다.
상대 감사	(중립적인 언어, 평화로운 언어)로 말해 주셔서 감사합니다.

※ 상대가 손님을 배려하지 않았다고 생각해 나는 화가 납니다.

나는 배려의 욕구가 충족되지 않아 지금 화가 납니다.

※ 상대 배려와 존중의 대화를 한 나에게 감사합니다.

"수프가 식었어요. 데워 줄 수 있나요?"
사실을 말하기 때문이다. 사실은 언제나 중립이다.

"어떻게 손님한테 다 식은 수프를 줄 수 있나요?"
라고 말하는 것은 불만이고 지적질이다.

- 여기에는 '나한테'라는 의식이 있고
식은 수프에 개인적인 모욕을 느껴 소란 피우는 '나',
누군가가 잘못되었다고 말하기를 즐기는 '나'가 있다.

- 에크하르트 톨레, 『삶으로 다시 떠오르기』 중에서-

📖 NVC로 자기 감사 하기 활동

(1) 내 자신의 어떤 면을 감사하는가?

----

(2) 위의 성향이나 기질이 나의 어떤 구체적인 행동이나 말로 나타
나는가?

----

(3) 위의 행동으로 나의 어떤 욕구가 충족이 되는가?

----

(4) 내 자신의 이런 면을 생각할 때 지금 어떤 느낌이 드는가?

📖 NVC 공감 대화로 자기 감사 하기

관찰 1

학부모가 전화상으로 "실문 왜 하는 겁니까?"라고 고함을 지른다.

나의 느낌

깜짝 놀란, 불쾌한, 마음이 내키지 않는, 신경이 곤두서는, 걱정되는, 마음이 상하는

나의 욕구

경청, 상호 전화 예절을 지키며 소통하는 것

관찰 2

아까는 화가 났는데, 지금은 괜찮아요.

나의 느낌

안도하는, 안심이 되는, 허리를 펴고 숨을 쉬는, 마음이 내려가는

나의 욕구

경청, 학부모의 화 뒤에 숨은 마음 찾아 주기, 학부모 마음 이해하기

※ 나는 상대에 대해 (예절이 없다, 상대하기도 싫다, 상대 마음부터 상하게 하려
고 작정을 했네) 하는 생각에 마음이 상하고, 불안합니다. 자기방어에 신경이
곤두섭니다.

나는 (상호 예절)의 욕구가 충족되지 않아 지금 마음이 상하고 불안합니다.
신경이 곤두섭니다.

※ (상대의 감정에 저항하지 않고 상대의 말을 따라가면서 이해하고 경청)한
나에게 감사합니다.

📖 NVC 공감 대화로 자기 감사 하기

관찰

_____

_____

나의 느낌

_____

_____

상대 느낌

_____

나의 욕구

_____

상대 욕구

※ 나는 상대가 (　　　　　　) 생각해 나는 (　느낌의 말　) ~니다.

　　나는 (　　　　)의 욕구가 충족되지 않아 지금 (　느낌의 말　) 납니다.

　　나는 (　　　　　)의 욕구가 충족되어 지금 (　느낌의 말　) ~니다.

※ (　　　　　　　　　　　　　　　)한 나에게 감사합니다.

📖 NVC 공감 대화로 자기 감사 하기

관찰

_____

_____

_____

나의 느낌

_____

_____

_____

상대 느낌

_____

_____

나의 욕구

_____

_____

상대 욕구

※ 나는 상대가 (　　　　　　　) 생각해 나는 (　느낌의 말　) ~다.

　나는 (　　　　)의 욕구가 충족되지 않아 지금 (　느낌의 말　) 납니다.

　나는 (　　　　　)의 욕구가 충족되어 지금 (　느낌의 말　) ~다.

※ (　　　　　　　　　　　　　　　)한 나에게 감사합니다.

📖 NVC 공감 대화로 자기 감사 하기

관찰

연배가 많으신 선배님들도 계셔서 좀 무리했습니다.

나의 느낌

놀란, 이해는 되나 지나치게 솔직한 표현이 다른 동료와 달라 흥미로운, 어색한, 불편한, 어리둥절한, 황당한, 무관심한

나의 욕구

공감, 상대 이해, 수용, 침묵, 정보 공유

상대 욕구

인정, 자존감, 주관을 가짐, 자기 보호, 자기 돌봄

※ 나는 상대가 (무슨 생각으로 저런 말을 하지 하는) 생각에 나는 황당합 니다.

나는 (이해)의 욕구가 충족되지 않아 지금 당황스럽습니다.

나는 (상대 욕구를 추측해 보고 그 마음을 이해하려고 하면서 잠시 시간을 갖 고 올라오려는 생각들을 내리려고 깊게 호흡합니다.)

※ 상대가 자기 생각을 자유롭게 할 수 있도록 내버려 두는, 침묵하는 나에게 감사합니다.

📖 NVC 공감 대화로 자기 감사 하기

관찰

_____

_____

_____

나의 느낌

_____

_____

_____

상대 느낌

_____

_____

나의 욕구

_____

_____

상대 욕구

※ 나는 상대가 (　　　　　　　) 생각해 나는 (　느낌의 말　) ~다.

　나는 (　　　　)의 욕구가 충족되지 않아 지금 (　느낌의 말　) 납니다.

　나는 (　　　　　)의 욕구가 충족되어 지금 (　느낌의 말　) ~다.

※ (　　　　　　　　　　　　　　　　)한 나에게 감사합니다.

📖 NVC 공감 대화로 자기 감사 하기

관찰

병조퇴는 조퇴와 어떻게 다른가요?

나의 느낌

혼란스러운, 회의적인, 불쾌한, '정말 모르나?'라는 생각에 의아한, 황당한, 마음이 두 갈래인

나의 욕구

친절, 존재감, 충동성, 상대 자극, 신중성, 상호 존중, 상호 예절, 자기 관리, 자존감, 자기 보호, 목표, 자유로운 표현

상대 욕구

편안함, 수월성, 업무 지원, 자기 돌봄, 자기 보호, 존재감

※ 나는 (상호 예절)의 욕구가 충족되지 않아 지금 불쾌합니다.

※ 이 순간 크게 호흡을 하고 일어나 1분 호흡 명상을 하는 나에게 감사합니다.

※ 나는 (자기 관리)의 욕구가 충족되어 지금 자연스럽습니다.

상대방은 나를 자극할 수 있지만, 느낌은 욕구로부터 비롯된다.

-『비폭력 대화』중에서-

📖 NVC 공감 대화로 자기 감사 하기

관찰

_____

_____

_____

나의 느낌

_____

_____

_____

상대 느낌

_____

_____

나의 욕구

_____

_____

상대 욕구

※ 나는 상대가 (　　　　　　) 생각해 나는 (　느낌의 말　) ~니다.

　　나는 (　　　　)의 욕구가 충족되지 않아 지금 (　느낌의 말　) 납니다.

　　나는 (　　　　　)의 욕구가 충족되어 지금 (　느낌의 말　) ~니다.

※ (　　　　　　　　　　　　　　)한 나에게 감사합니다.

📖 NVC 공감 대화로 자기 감사 하기

관찰

○학년 학생이 쉬는 시간에 내려와 "선생님, 어제 상담해 주셔서 감사합니다."

나의 느낌

기대하지 않은 말을 들어 마음이 활짝 열리면서 목소리의 톤이 올라간다, 밝은 표정으로 감사의 말을 뿌듯하게 받아 준다.

상대 느낌

고마운, 감사한, 호의적인, 친근한

나의 욕구

지원, 축하, 도움, 인정, 관심, 흥미, 상호성, 전문성, 존재감, 도전

상대 욕구

감사, 고마움, 따뜻함, 신뢰, 믿음, 상호성, 도움, 소속감

※ 나는 (인정, 전문성, 상호성)의 욕구가 충족되어 지금 뿌듯하고 즐겁습니다.

※ (상담 활동은 보통의 나에서 빠져나와 의식을 가지고 몰입하는 활동이라 에너지가 많이 필요하다. 그럼에도 학생들의 마음 풀기를 위해 자율성을 가지고 도움에 도전하는) 나에게 감사합니다.

📖 NVC 공감 대화로 자기 감사 하기

관찰

....

....

나의 느낌

....

....

상대 느낌

....

나의 욕구

....

....

상대 욕구

※ 나는 상대가 (   ) 생각해 나는 (느낌의 말   ) ~니다.

　　나는 (   )의 욕구가 충족되지 않아 지금 (느낌의 말) 납니다.

　　나는 (   )의 욕구가 충족되어 지금 (느낌의 말   ) ~니다.

※ (   )한 나에게 감사합니다.

📖 NVC 공감 대화로 자기 감사 하기

관찰

_____

_____

_____

나의 느낌

_____

_____

_____

상대 느낌

_____

_____

나의 욕구

_____

_____

상대 욕구

※ 나는 상대가 (　　　　　　) 생각해 나는 (　느낌의 말　) ~니다.

　나는 (　　　　)의 욕구가 충족되지 않아 지금 (　느낌의 말　) 납니다.

　나는 (　　　　　)의 욕구가 충족되어 지금 (　느낌의 말　) ~니다.

※ (　　　　　　　　　　　　　　　)한 나에게 감사합니다.

📖 NVC 공감 대화로 자기 감사 하기

관찰

_____

_____

나의 느낌

_____

_____

상대 느낌

_____

나의 욕구

_____

상대 욕구

※ 나는 상대가 (   ) 생각해 나는 (느낌의 말   ) ~니다.

     나는 (   )의 욕구가 충족되지 않아 지금 (느낌의 말) 납니다.

     나는 (   )의 욕구가 충족되어 지금 (느낌의 말   ) ~니다.

※ (   )한 나에게 감사합니다.

📖 NVC 공감 대화로 자기 감사 하기

관찰

나의 느낌

상대 느낌

나의 욕구

상대 욕구

※ 나는 상대가 (　　　　　　) 생각해 나는 (　느낌의 말　) ~니다.

　나는 (　　　　)의 욕구가 충족되지 않아 지금 (　느낌의 말　) 납니다.

　나는 (　　　　　)의 욕구가 충족되어 지금 (　느낌의 말　) ~니다.

※ (　　　　　　　　　　　　　　　)한 나에게 감사합니다.

자기 이해
활동 하기

이것 또한 지나가리라.

저항하지 않고, 판단하지 않고, 집착하지 않는 것

이 세 가지는 진정한 자유와 깨달음의 세 가지 측면이다.

- 에크하르트 톨레, 『삶으로 다시 떠오르기』 중에서 -

자신이 한 것에 대해 인정을 요구하고 인정받지 못하면
화가 나거나 마음이 상하는 경우가 있을까요?

(1) 무슨 일이 있을까요?

NVC 공감 활동이 회복적 생활 교육, 민주 자치, 혁신 교육의 밑바탕이
되는 이론이다. 그 이론을 현장에서 적용하려면 많은 시간과 에너지가
필요하다. 나는 학생들의 갈등 상황을 지나치지 않고 공감적인 언어와
대화로 학생들에게 긍정적인 영향을 미치는 활동을 하고 있다는 것을
알아주기를, 그리고 힘든 일이라는 것을 알아주기를 바라는데 인정을
받지 못하고 나의 일에 관심도 없고 무시할 때 나는 화가 나거나 마음
이 상한다.

(2) 그 일에 대해 내가 인정을 요구하거나 인정받는 것을 중단하면 무슨 일이 일어날까요?

어떤 기대도 하지 않고 인정받지 못하는 것을 받아들일 때, 내 자신의 열정에 집중하게 된다. 내가 하고 싶어서 하는 일, 교사로서 학생들에게 미치는 영향이 어떻게 긍정적인지 몰입하게 되고, 무엇보다도 나의 삶의 패턴을 바꾸고 생각의 전환을 가지도록 한다는 사실을 깨닫게 된다.

(3) 인정 요구의 욕구를 버리면 어떤 느낌이 들까요?

나의 열정의 욕구를 인정하면서 더 즐겁고 신바람 나는 몸과 마음을 느낀다.

- 에크하르트의 『삶으로 다시 떠오르기』를 읽고 -

📖 자기 이해 탐색 활동

자신이 한 것에 대해 인정을 요구하고
인정받지 못한 경우가 있을까요?

(1) 자신이 한 것에 대해 인정을 요구하고 인정을 받으려고 한
행동이 있을까요?

....

....

(2) 그때 든 생각이나 느낌을 찾아보세요.

....

....

(3) 그 일에 대해 내가 인정을 요구하거나 인정받는 것을 중단하
면 무슨 일이 일어날까요?

....

....

(4) 그때 나의 욕구를 찾아보세요.

....

....

자신이 한 것에 대해 인정을 요구하고
인정받지 못한 경우가 있을까요?

(1) 자신이 한 것에 대해 인정을 요구하고 인정을 받으려고 한 행동이 있을까요?

....

....

....

(2) 그때 든 생각이나 느낌을 찾아보세요.

....

....

....

(3) 그 일에 대해 내가 인정을 요구하거나 인정받는 것을 중단하면 무슨 일이 일어날까요?

....

....

....

(4) 그때 나의 욕구를 찾아보세요.

....

....

....

📖 자기 이해 탐색 활동

자신의 문제나 병에 대해 관심을 끌려고 한 행동이 있을까요?

(1) 무슨 일이 있을까요?

_____

_____

(2) 그때의 생각과 느낌을 찾아볼까요?

_____

_____

(3) 그때의 욕구는 무엇일까요?

_____

(4) 자신의 문제나 병에 대해 관심을 끌려고 한 행동으로 어떤
일이 일어났나요?

_____

(5) 관심을 끌려고 하는 나의 행동을 버리면 어떤 일이 일어날
까요?

_____

_____

📖 자기 이해 탐색 활동

자신의 문제나 병에 대해 관심을 끌려고 한 행동이 있을까요?

(1) 무슨 일이 있을까요?

_____

_____

(2) 그때의 생각과 느낌을 찾아볼까요?

_____

_____

(3) 그때의 욕구는 무엇일까요?

_____

(4) 자신의 문제나 병에 대해 관심을 끌려고 한 행동으로 어떤
    일이 일어났나요?

_____

_____

(5) 관심을 끌려고 하는 나의 행동을 버리면 어떤 일이 일어날
    까요?

_____

_____

아무도 묻지 않는데,

굳이 자신의 의견을 말하는 경우가 있을까요?

(1) 무슨 일이 있을까요?

....

....

(2) 그때 생각이나 느낌을 적어 볼까요?

....

....

(3) 그때의 욕구는 무엇일까요?

....

....

(4) 아무도 묻지 않을 때, 자신의 의견을 말하지 않으면 어떤 일이
    일어날까요?

....

....

....

....

아무도 묻지 않는데,
굳이 자신의 의견을 말하는 경우가 있을까요?

(1) 무슨 일이 있을까요?

_____

_____

(2) 그때 생각이나 느낌을 적어 볼까요?

_____

_____

(3) 그때의 욕구는 무엇일까요?

_____

_____

(4) 아무도 묻지 않을 때, 자신의 의견을 말하지 않으면 어떤 일이
일어날까요?

_____

_____

_____

📖 자기 이해 탐색 활동

마음속에서 혹은 입 밖으로 도움이 안 되는 불평을
늘어놓음으로써 자신은 옳고 상대방은 틀린 것으로
만든 일이 있을까요?

(1) 무슨 일이 있을까요?

....

....

(2) 그때 생각이나 느낌을 적어 볼까요?

....

....

(3) 그때의 욕구는 무엇일까요?

....

....

(4) 마음속에서 혹은 입 밖으로 도움이 안 되는 불평을 하지
않고, 자신은 틀리고 상대방은 옳다고 생각하면 무슨 일이 일
어날까요?

....

....

마음속에서 혹은 입 밖으로 도움이 안 되는 불평을
늘어놓음으로써 자신은 옳고 상대방은 틀린 것으로
만든 일이 있을까요?

(1) 무슨 일이 있을까요?

....

....

(2) 그때 생각이나 느낌을 적어 볼까요?

....

....

(3) 그때의 욕구는 무엇일까요?

....

....

(4) 마음속에서 혹은 입 밖으로 도움이 안 되는 불평을 하지
않고, 자신은 틀리고 상대방은 옳다고 생각하면 무슨 일이 일
어날까요?

....

....

📖 자기 이해 탐색 활동

공동체에서 주목받기를 원하고 중요한 사람으로
보이기를 원해서 한 행동이나 말이 있을까요?

(1) 무슨 일이 있을까요?

....

....

(2) 그때 생각이나 느낌을 적어 볼까요?

....

....

(3) 그때의 욕구는 무엇일까요?

....

....

(4) 공동체에서 주목받기를 원하고 중요한 사람으로 보이기를 원
  해서 한 행동이나 말을 중지하거나 하지 않으면 무슨 일이 일
  어날까요?

....

....

....

📖 자기 이해 탐색 활동

공동체에서 주목받기를 원하고 중요한 사람으로
보이기를 원해서 한 행동이나 말이 있을까요?

(1) 무슨 일이 있을까요?

(2) 그때 생각이나 느낌을 적어 볼까요?

(3) 그때의 욕구는 무엇일까요?

(4) 공동체에서 주목받기를 원하고 중요한 사람으로 보이기를 원
해서 한 행동이나 말을 중지하거나 하지 않으면 무슨 일이 일
어날까요?

듣고 싶은
감사 활동

NVC 대화는 우리가
내면에 있는 힘과
아름다움에 직면할 용기를
갖도록 도와준다.

- 마셜로젠버그 -

(1) 내가 한 행동이나 말해 대해 어떤 사람으로부터 감사를 듣고 싶었지만 그 말을 듣지 못했던 때를 생각한다. 지금 그 사람이 여러분이 듣고 싶은 대로 감사를 표현하고 있다고 상상해 보면서 그 사람에게 듣고 싶은 감사의 말을 그대로 적어 본다.

나의 실수도 있는데 본인의 실수라고 동료들에게 말씀해 주셔서 감사합니다.

---

(2) 상대 역할을 해 줄 파트너에게 나와 그 사람과의 관계와 상황을 설명하고 내가 위에서 쓴 감사 표현을 준다. 파트너는 상대 역할을 하면서 감사를 표현한다. 감사를 받는 사람은 그 감사 표현을 충분히 음미한 후 공감으로 표현한다.

감사의 말을 듣기 전 느낌	잔땀이 나는, 안절부절못하는, 마음이 상하고 기운이 빠지는, 피곤한, 상심한, 귀찮은, 혼란스러운, 질리는, 격앙된, 곤란한, 냉담한
감사의 말을 들은 후 느낌	마음이 내려가는, 침착한, 긍지를 느끼는, 만족스러운, 여름 산행의 피로가 파도에 씻겨 나가는 듯 상쾌한
나의 욕구	진실, 솔직함, 일치, 깨달음, 배움, 용서, 회복, 애도

(3) 당신의 파트너와 함께 무엇 때문에 그 사람이 이 같은 감사 표현을 하지 못했을까 상상해 본다. 감사를 하지 못하도록 막은 느낌과 욕구를 찾아 공감을 해 본다.

상대의 느낌	깜짝 놀란, 동료가 실수를 인정하니 마음이 두 갈래인, 깜짝 놀란, 회의록에서 찾은 내용을 업무자에게 먼저 알리지 않고 다른 동료들에게 알린 것이 신경 쓰이는, 민망한, 조마조마한, 안절부절못하는, 긴장한, 동료 선생님의 인권을 손상시킨 것 같아 조마조마한, 다른 동료들이 이 일을 알까 봐 자신을 변명해야 해서 절박한, 침울한, 동료 선생님한테 사과를 해야 할지 안절부절못하는, 자신에게 실망한,
상대의 욕구	자기 돌봄, 자기 보호, 정서적 안정, 보호받음, 자기 안전, 배려, 애도, 용서, 배움, 성장

- 비폭력대화 NVC2 참고-

📖 듣고 싶은 감사 활동

(1) 내가 한 행동이나 말해 대해 어떤 사람으로부터 감사를 듣고 싶었지만 그 말을 듣지 못했던 때를 생각한다. 지금 그 사람이 여러분이 듣고 싶은 대로 감사를 표현하고 있다고 상상해 보면서 그 사람에게 듣고 싶은 감사의 말을 그대로 적어 본다.

· 내가 한 행동이나 말 :

· 나의 느낌 :

· 나의 욕구 :

· 상대에게서 듣고 싶은 감사의 말

(2) 상대 역할을 해 줄 파트너에게 나와 그 사람과의 관계와 상황을 설명하고 내가 위에서 쓴 감사 표현을 준다. 파트너는 상대 역할을 하면서 감사를 표현한다. (세 번 읽어 준다.)

(3) 들은 후 몸과 마음이 어떠한지 충분한 시간을 갖는다.

(4) 파트너와 함께 무엇 때문에 그 사람이 이같은 감사 표현을 하지 못했을까 상상해 본다. 감사를 하지 못하도록 막은 느낌과 욕구를 찾아 공감을 해 본다.

상대의 느낌	
상대의 욕구	

(1) 내가 한 행동이나 말에 대해 어떤 사람으로부터 감사를 듣고 싶었지만 그 말을 듣지 못했던 때를 생각한다. 지금 그 사람이 여러분이 듣고 싶은 대로 감사를 표현하고 있다고 상상해 보면서 그 사람에게 듣고 싶은 감사의 말을 그대로 적어 본다.

힘든 부탁을 들어주셔서 감사합니다.

---

(2) 상대 역할을 해 줄 파트너에게 나와 그 사람과의 관계와 상황을 설명하고 내가 위에서 쓴 감사 표현을 준다. 파트너는 상대 역할을 하면서 감사를 표현한다. 감사를 받는 사람은 그 감사 표현을 충분히 음미한 후 공감으로 표현한다

감사의 말을 듣기 전 느낌	힘든, 짜증이 나는, 괴로운, 격노한, 억울한, 후회스러운
감사의 말을 들은 후 느낌	수용하는, 이해가 되는, 마음이 열리는, 안정되는, 마음이 놓이는
나의 욕구	인정, 상호성, 도움, 배려, 유대감, 회복, 자존감

(3) 파트너와 함께 무엇 때문에 그 사람이 이같은 감사 표현을 하지 못했을까 상상해 본다. 감사를 하지 못하도록 막은 느낌과 욕구를 찾아 공감을 해 본다.

상대의 느낌	미안한, 신경 쓰이는, 만족한, 안심이 되는, 긴장이 풀린, 감사한, 고마운, 불편한, 안쓰러운, 마음이 무거운, 용기가 없는, 어색한, 무감각한
상대의 욕구	자기 돌봄, 정서적 안정, 보호받음, 편안함, 자기 안전, 지원, 협조

📖 듣고 싶은 감사 활동

(1) 내가 한 행동이나 말해 대해 어떤 사람으로부터 감사를 듣고 싶었지만 그 말을 듣지 못했던 때를 생각한다. 지금 그 사람이 여러분이 듣고 싶은 대로 감사를 표현하고 있다고 상상해 보면 서 그 사람에게 듣고 싶은 감사의 말을 그대로 적어 본다.

· 내가 한 행동이나 말 :

· 나의 느낌 :

· 나의 욕구 :

· 상대에게서 듣고 싶은 감사의 말

(2) 상대 역할을 해 줄 파트너에게 나와 그 사람과의 관계와 상황을 설명하고 내가 위에서 쓴 감사 표현을 준다. 파트너는 상대 역할을 하면서 감사를 표현한다. (세 번 읽어 준다.)

(3) 들은 후 몸과 마음이 어떠한지 충분한 시간을 갖는다.

(4) 파트너와 함께 무엇 때문에 그 사람이 이 같은 감사 표현을 하지 못했을까 상상해 본다. 감사를 하지 못하도록 막은 느낌과 욕구를 찾아 공감을 해 본다.

상대의 느낌	
상대의 욕구	

📖 듣고 싶은 감사 활동

(1) 내가 한 행동이나 말해 대해 어떤 사람으로부터 감사를 듣고 싶었지만 그 말을 듣지 못했던 때를 생각한다. 지금 그 사람이 여러분이 듣고 싶은 대로 감사를 표현하고 있다고 상상해 보면서 그 사람에게 듣고 싶은 감사의 말을 그대로 적어 본다.

· 내가 한 행동이나 말 :

· 나의 느낌 :

· 나의 욕구 :

· 상대에게서 듣고 싶은 감사의 말

(2) 상대 역할을 해 줄 파트너에게 나와 그 사람과의 관계와 상황을 설명하고 내가 위에서 쓴 감사 표현을 준다. 파트너는 상대 역할을 하면서 감사를 표현한다. (세 번 읽어 준다.)

(3) 들은 후 몸과 마음이 어떠한지 충분한 시간을 갖는다.

(4) 파트너와 함께 무엇 때문에 그 사람이 이 같은 감사 표현을 하지 못했을까 상상해 본다. 감사를 하지 못하도록 막은 느낌과 욕구를 찾아 공감을 해 본다.

상대의 느낌	
상대의 욕구	

📖 듣고 싶은 감사 활동

(1) 내가 한 행동이나 말해 대해 어떤 사람으로부터 감사를 듣고 싶었지만 그 말을 듣지 못했던 때를 생각한다. 지금 그 사람이 여러분이 듣고 싶은 대로 감사를 표현하고 있다고 상상해 보면서 그 사람에게 듣고 싶은 감사의 말을 그대로 적어 본다.

· 내가 한 행동이나 말 :

· 나의 느낌 :

· 나의 욕구 :

· 상대에게서 듣고 싶은 감사의 말

(2) 상대 역할을 해 줄 파트너에게 나와 그 사람과의 관계와 상황을 설명하고 내가 위에서 쓴 감사 표현을 준다. 파트너는 상대 역할을 하면서 감사를 표현한다. (세 번 읽어 준다.)

(3) 들은 후 몸과 미음이 어떠한지 충분한 시간을 갖는다.

(4) 파트너와 함께 무엇 때문에 그 사람이 이 같은 감사 표현을 하지 못했을까 상상해 본다. 감사를 하지 못하도록 막은 느낌과 욕구를 찾아 공감을 해 본다.

상대의 느낌	
상대의 욕구	

감사의 말은 항상 힘이 됩니다

매일 감사하는 습관을 들이면
우리 삶이 근본적으로 바뀔 수 있다.

- 『비폭력 대화』 중에서 -

나에게 NVC 공감 대화로 삶을 꾸려 나간다는 것은 이미 습득된 언어 습관과 도덕적 잣대로 상대 가치를 측정한 내적인 삶의 가치들을 바꿔야만 하는 일이었다. NVC 대화를 이해하고 연습하는 시간이 필요했고, 매 순간 의식해야 하는 어려움이 지금도 있다.

학생들과 함께 교육 활동을 하면서 자연스럽게 연습이 되었고 영향을 준 그런 상황에서 학생 ○○가 최근의 근황을 동영상으로, 편지로 감사의 마음을 전하고, 학부모에게서도 감사의 편지를 받을 때는 힘이 난다.

특히 학생들의 말을 듣고 다시 전해 듣는 학부모의 감사는 더 힘이 날 때도 있다.

"오늘 선생님, 만났다 ㅡ" 하고 신이 나 자랑을 해서 저도 같이 기뻐진답니다.

"선생님만 괜찮으시다면, 가끔이라도 ○○이가 선생님을 뵈면서 기뻐하고, 감사하며 자랐으면 좋겠습니다."

분노하시던 학부모께서 나의 활동 이야기를 들은 후, "오늘 좋은 말씀 감사합니다. 아이 문제로 너무 성급했나 싶어 반성이 됩니다. 선생님 만나서 직접 이야기를 들으니 마음이 한결 편해졌습니다. 아ㅡ 배우고 갑니다. 친근하게 대해 주셔서 자주 뵙고 싶습니다. 감사합니다."

"선생님ㅡ 우리 ○○이 선생님이어서 너무 감사드립니다. 시간이 지나고 돌이켜 보니 선생님께서 우리 아이의 담임 선생님이 된 것은 큰 행운이고 행복이었습니다. ○○이도 참 좋은 선생님이시라고 많이 많이 이야기합니다. 제가 모자란 부분을 선생님께서 많이 채워 주셔서 감사합니다. 진심으로 감사드립니다."

"선생님께서 다른 학교로 가신 다는 말을 듣고 ○○이는 서럽게 울었어요. 아이가 우니 저도 덩달아 목이 메었습니다. 짧았지만 아이에게 정신적으로 큰 존재로 영향을 주셔서 오랫동안 기억하 겠습니다. 감사합니다."

오늘 아이를 만나면, 아이에게 힘나는 말을 해 달라고 특별히 학부모께 부탁을 한 날, "선생님 말씀 너무 감사합니다. 선생님께 서 일러 주신 대로 말을 했더니 아이가 제 가슴에 얼굴을 묻으면 서 '엄마, 그렇게 말해 줘서 고마워.'라고 했습니다. 선생님, 너무도 감사드립니다."

힘든 상황에도 '아—' 하는 배움의 순간이 있다면 감사하기 활 동을 한다. 가슴에 울림을 준 그 순간을 관찰하고, 상대의 말에 나의 어떤 반응이 상대를 자극했는지 관찰하고 기록하는 자기 성 찰로 감사하기 활동을 한다. 나의 활동에 밝음이 있었다면 어떤 지원이 있어 밝음이 되었는지 관찰하고, 감사하기 활동을 한다. 감사하기 활동은 하루 온도의 흐림과 맑음 속에서 함께 기쁨을 누리게 한다.

NVC의 느낌·욕구 카드를 펼쳐 놓고 상대와 대화를 하면 처음 시작보다는 마무리할 때쯤이면 상대의 화가 가라앉아 있는 것을 느낀다. 상대의 호흡에서 알 수 있다. 분노, 화난 마음, 뭉쳐 있던 마음이 훅 내려가는 소리를 듣기도 한다. 지금처럼 해마다 나의 활동에 대한 감사하는 마음을 받을 때는 영감을 받기도 하고, 더없이 행복하기도 하다. 내 삶의 근본이 충전이 되어 황홀하기도 하고, 생동감이 넘치기도 한다. 학생, 학부모, 동료의 감사로 자신만의 견해나 가치의 욕구가 충족이 되어 기쁨이 넘치기도 한다.'

  NVC 4단계를 염두에 둔 '감사하기' 연습과 기록은 그 순간순간을 미묘하게 평화로운 에너지로 흘러들게 해 나의 하루 일상을 자연스럽게 한다.

부록
NVC 대화 모델,
느낌 욕구 목록

NVC 대화 모델

비난하거나 비판하지 않으면서
나 자신을 솔직하게 표현할 때

상대방의 말을 비난이나, 비판이 아닌
공감적으로 들을 때

관 찰

나의 느낌을 일으키는 상황을
있는 그대로 관찰하기

상대의 느낌을 일으키는 상황을
있는 그대로 관찰하기

"내가 ~을(보거나, 듣거나) 했을 때"

"당신이 ~을(보거나, 듣거나) 했을 때"

(생략할 수 있음)

느 낌

관찰에 대한 나의 느낌

관찰에 대한 상대의 느낌

"나는 ~하게 느낀다."

"당신은 ~하게 느끼십니까?"

욕구 / 필요

나의 느낌 뒤에 있는 욕구/필요

상대의 느낌 뒤에 있는 욕구/필요

"나는 ~이 필요(원, 중요)하기 때문에…"

"당신은 ~이 필요(원, 중요)하기 때문에…"

부탁 / 요청

내가 부탁/요청하는 구체적인 행동

상대가 부탁/요청하는 구체적인 행동

연결부탁 :
"내가 이렇게 말할 때 너는 어떻게 느끼니 /
생각하니?"

"당신은 내가 ~하기를 바라십니까?"

행동부탁 :
" ~게 해 주시겠어요?"

(생략할 수 있음)

느낌 욕구 카드(Feeling List)

A. 욕구가 충족되었을 때	B. 욕구가 충족되지 않았을 때
기쁜, 행복한, 흥분된, 희망에 찬, 즐거운, 만족한, 환희에 찬, 용기 나는, 반가운, 생생한, 안심이 되는, 감동받은, 자랑스러운, 의기양양한, 힘이 솟는, 기대에 부푼	**슬픈,** 외로운, 힘든, 우울한, 서운한, 섭섭한, 마음이 아픈, 실망한, 낙담한, 자신을 잃은, 괴로운, 비참한, 쓸쓸한, 속상한
평화로운, 고요한, 진정되는, 흡족한, 열중한, 수용하는, 침착한, 축복받은, 안정된, 차분한, 마음이 가라앉은, 명확해진, 조용한	**겁나는,** 두려운, 무서운, 놀란, 긴장한, 신경이 쓰이는, 소름이 끼치는, 불안한, 괴로운, 회의적인, 걱정스러운, 떨리는, 조마조마한, 진땀이 나는, 초조한
사랑하는, 정다운, 따뜻한, 정을 느끼는, 부드러운, 호의적인, 친근한, 관심 있는, 흥미 있는	**화가 나는,** 미치겠는, 돌아 버릴 것 같은, 성이 나는, 격노한(노발대발), 적개심, 억울한, 분개한, 혐오스런, 귀찮은, 낙담한, 열받는
자부심/자신감 있는, 긍지를 느끼는, 뿌듯한, 자랑스러운, 자신만만한, 확신하는, 당당한	**좌절한,** 혼동된, 주저하는, 근심하는, 괴로운, 불안한, 수치스러운, 걱정되는, 절망스러운
활기있는, 쾌활한, 명랑한, 생기가 도는, 열의 있는, 원기가 왕성한, 기력이 넘치는, 상쾌한, 들뜬, 대담한, 열정적인, 열중한, 살아 있는, 상쾌한, 회복된, 밝은, 흥미/몰입된, 매혹된, 궁금한	**피곤한,** 지친, 무기력한, 침울한, 냉담한, 무관심한, 지루한, 질린, 압도당한, 안절부절못하는, 마음이 무거운, 무감각한,
편한, 쉬는, 긴장이 풀린, 기운이 나는, 흐뭇한	**불편한,** 마음이 아픈, 불안한, 마음이 상한, 비참한, 근심되는, 난처한, 무안한, 비탄에 잠긴, 당혹스런, 지겨운
감사한, 고마운	

225

욕구 필요 카드(Needs List)

자율성

자신의 꿈, 목표, 가치를 선택할 수 있는 자유
자신의 꿈, 목표, 가치를 이루기 위한 방법을 선택할 자유

신체적/생존

공기, 음식, 물, 주거, 휴식, 수면, 안전, 신체적 접촉(스킨십), 성적 표현, 따뜻함, 부드러움, 편안함, 돌봄을 받음, 보호받음, 의존(생존과 안전), 애착 형성, 자유로운 움직임(이동), 운동

사회적/정서적/상호의존

주는 것, 봉사, 친밀한 관계, 유대, 소통, 연결, 배려, 존중, 상호성, 공감, 이해, 수용, 지지, 협력, 도움, 감사, 인정, 승인, 사랑, 애정, 관심, 호감, 우정, 가까움, 나눔, 소속감, 공동체, 안도, 위안, 신뢰, 확신, 정서적 안전, 자기 보호, 일관성, 안정성, 정직, 진실, 예측 가능성

놀이/재미

쾌락, 흥분, 즐거움, 재미, 유머

삶의 의미

기여, 능력, 도전, 명료함, 발견, 인생 예찬(축하, 애도), 기념, 깨달음, 자극, 주관을 가짐(자신만의 견해나 사상), 중요성, 참여, 회복, 효능감, 희망

진실성

진실, 성실성, 존재감, 일치, 개성, 자기 존중, 비전, 꿈

아름다움/평화

아름다움, 평탄함, 홀가분함, 여유, 평등, 조화, 질서, 평화, 영적 교감, 영성

자기구현

성취, 배움, 생산, 성장, 창조성, 치유, 숙달, 전문성, 목표, 가르침, 자각, 자기표현